VOCABULÁRIO DE PASCAL

VOCABULÁRIO DE PASCAL

Pierre Magnard
Professor emérito da universidade de Paris-Sorbonne

Tradução
CLAUDIA BERLINER
Revisão técnica
HOMERO SANTIAGO

SÃO PAULO 2013

Esta obra foi publicada originalmente em francês com o título
LE VOCABULAIRE DE PASCAL
por Les Éditions Ellipses
Copyright © Ellipses Éditions – Marketing S.A., França
Copyright © 2013, Editora WMF Martins Fontes Ltda.,
São Paulo, para a presente edição.

1ª edição 2013

Tradução
Claudia Berliner
Revisão técnica
Homero Santiago
Acompanhamento editorial
Luzia Aparecida dos Santos
Revisões gráficas
Solange Martins
Letícia Castello Branco Braun
Edição de arte
Katia Harumi Terasaka
Produção gráfica
Geraldo Alves
Paginação
Moacir Katsumi Matsusaki

Dados Internacionais de Catalogação na Publicação (CIP)
(Câmara Brasileira do Livro, SP, Brasil)

Magnard, Pierre
   Vocabulário de Pascal / Pierre Magnard ; tradução Claudia Berliner ; revisão técnica Homero Santiago. – São Paulo : Editora WMF Martins Fontes, 2013. – (Coleção vocabulário dos filósofos)

   Título original: Le vocabulaire de Pascal.
   ISBN 978-85-7827-699-7

   1. Pascal, Blaise, 1623-1662 – Glossários, vocabulários, etc. 2. Pascal, Blaise, 1623-1662 – Linguagem I. Título. II. Série.

13-05084   CDD-194

Índices para catálogo sistemático:
1. Vocabulário de Pascal : Filosofia   194

Todos os direitos desta edição reservados à
Editora WMF Martins Fontes Ltda.
Rua Prof. Laerte Ramos de Carvalho, 133   01325-030   São Paulo SP Brasil
Tel. (11) 3293-8150   Fax (11) 3101-1042
e-mail: info@wmfmartinsfontes.com.br   http://www.wmfmartinsfontes.com.br

NOTA A ESTA EDIÇÃO

Para as citações dos *Pensamentos*, recorremos à edição da Martins Fontes, tradução de Mario Laranjeira, revisão técnica de Franklin Leopoldo e Silva, São Paulo, 2005.

Não se pode imputar um vocabulário particular aos que, na idade clássica, conduziram a língua francesa à mais alta perfeição. Assim como Racine, famoso pela parcimônia de sua linguagem, Pascal não produziu neologismos, nem desviou as palavras consagradas de sua acepção usual para alicerçá-las em significações radicalmente novas. Tais violências não conviriam ao *honnête homme** que sempre fez do comedimento uma lei e da simplicidade um dever. Se cedeu à retórica na juventude, foi sob o manto do anonimato, a serviço de uma causa que, mais que própria, era a da seita como um todo. As *Provinciais* nos mostram o artesão do verbo e da sentença, exímio conhecedor de todos os tropos, que ele poderia ter sido se a concisão do aforismo e, em definitivo, o silêncio não tivessem lhe parecido mais decentes. No entanto, o geômetra sabe que é preciso "revirar as proposições em todos os sentidos" para conhecer todas as suas possibilidades, e o apologeta constata que "as palavras diversamente ordenadas formam um sentido di-

---

* A figura do *honnête homme* é essencial à moral mundana do século XVII francês e está bem presente nos textos de Pascal. Sumariamente, *honnête* é o homem do mundo, elegante, agradável, distinto por suas maneiras, costumes e conhecimentos, detentor da arte da polidez. Optou-se por preservar em francês a expressão *honnête homme* porque a tradução literal ("homem honesto") se prestaria a confusões inevitáveis com o sentido contemporâneo mais corrente de "honesto", ainda que a palavra portuguesa, em sua significação primeira e mais próxima do latim *honestus*, designe algo similar ao francês seiscentista: é "honesto" aquele que obteve honras, que foi condecorado, que é nobre, digno; virtuoso, decente. (N. do R. T.)

verso e que os sentidos diversamente ordenados produzem diferentes efeitos". É certo que essas são palavras que todo o mundo usa, mas elas são como a bola no jogo da pela, que é a mesma para todos os jogadores, mas que cada um coloca num lugar diferente. Toda a originalidade do escritor estará na sua maneira de pôr as palavras, de escolhê-las ao sabor das circunstâncias, pois é verdade que "um mesmo sentido muda conforme as palavras que o exprimem". Ora, se "os sentidos recebem das palavras sua dignidade, ao invés de dá-la a elas", a escolha das palavras será decisiva. "Há lugares em que Paris deve ser chamada Paris e outros, em que deve ser chamada de capital do reino". Estamos avisados. Reler os *Pensamentos* em busca das frequências é algo que certamente se impõe; perceber ali a ínfima deriva semântica que mostra a apropriação por um autor de um vocabulário considerado absolutamente clássico é ainda melhor; constatar as liberdades que o autor toma em relação aos usos canônicos, sobretudo quando se trata de teologia e de espiritualidade, é mais importante ainda. O fato de que Pascal retoma a linguagem dos religiosos de sua época (salesianos, oratorianos, sulpicianos, carmelitas, eudistas etc.) é evidente, já que ele se situa nesse terreno da vida espiritual, mas o fato de que confira a esta ou àquela palavra um teor diferente, recentrando-a em tal acepção em detrimento de outra, eis algo que acarreta um deslizamento de sentido tão rico em efeitos que, afinal, com uma mesma linguagem, o que ele pronuncia é um discurso totalmente diferente. Estabelecer o vocabulário dos *Pensamentos*, em trinta e quatro entradas, é tornar o leitor sensível a esses imperceptíveis deslocamentos que acabam produzindo uma obra absolutamente original. A demonstração será tanto mais convincente quanto mais restrita for a lista. No entanto, a frequência das ocorrências não pode ser o único critério, pois, embora haja repetições, há também o azar, esses lances de dados que dependem apenas do gesto do jogador, cujo efeito depende de um acaso único, segredo do gênio. Portanto, a raridade diz tanto, senão mais, que a frequência. Assim sendo, as palavras podem permanecer as mesmas, juízes do pertencimento ao mesmo mundo, à mesma casta, até à mesma igreja; mas se as regras da boa conduta costumam ser critérios de respeito a uma ortodoxia, uma dissonância que mal se percebe basta para nos indicar que estamos alhures.

Aposta
Fr.: *Pari*

* Será que a palavra merece figurar num vocabulário pascaliano? Pascal não a emprega, usa somente o verbo "apostar", encontrado em três ocorrências no fragmento 418. Contudo, a fortuna editorial dessa palavra, adotada como título desse famoso fragmento, nos incita a destacá-la. Na verdade, essa denominação corresponde a dois pedaços de papel, sem furos de amarração, portanto alheios aos maços, mas com marcas de dobras, o que significa "que foram levados por muito tempo no bolso de uma veste" (Z. Tourneur, H. Gouhier). Portanto, embora esse texto seja alheio à estrita concepção da *Apologia da religião cristã*, constitui uma peça-chave da estratégia do apologista. Inscreve-se, ademais, perfeitamente na lógica da "regra dos partidos", enunciada em 1654 e cujo uso moral, religioso até, estudamos no verbete "Partido". Acaso não pertence ele, na verdade, a essa "geometria dos partidos" de que fala Antoine Arnauld na sua carta a Pascal de 10 de março de 1657?

** Supondo que possamos atribuir a Pascal essa noção de "aposta", que acepção adota na obra dele? Afastemos a tentação de ver nesse texto um argumento que visaria o libertino matemático, aplicando o cálculo das probabilidades à questão da crença. O que se extrai dessas páginas é a incerteza de todas as apostas da existência humana, a começar pela própria existência de Deus, incerteza radical que coloca contra a parede o coração e a razão e levará esta a prevalecer sobre aquele, até lhe impor libertar-se de suas paixões. No fundo, é esse choque entre uma razão jogadora, que leva ao extremo as consequências de seu cálculo, e um coração travado em seus maus temores, que inspira Pascal a fazer essa exortação, que ele endereça a si mesmo: "Trabalhai não para vos convencer pelo aumento das provas de Deus, mas pela diminuição de vossas paixões."

*** A aposta de Pascal não é nem frívola nem gratuita; não é o gesto do que se convencionou chamar um jogador. "É preciso apostar", "forçam-me a apostar". Quem me obriga, quem me força a lançar os dados? Quem me força a jogar? A própria razão, que sabe que seria loucura não jogar, "quando há o finito para arriscar, em um jogo em que existem iguais possibilidades de ganho e de perda, e o infinito a ganhar". Mas isso não é passar de um temor a outro, do mau temor de que Deus possa não existir ao bom temor de que ele possa existir? "Não temais, desde que temeis; mas se não temeis, temei" (785). Ora, esse bom temor, esse temor superior que o cálculo da razão levanta em nós, não será justamente o que se chama o temor de Deus? Entende-se que o discurso termine em transporte e arrebatamento e que seja o gesto de uma razão forte que ponha, aqui, um homem de joelhos para orar. Para a certeza de um ganho infinito não há nenhuma dificuldade de balançar a incerteza do "nada" que se arriscou: "Apostastes por uma coisa certa, infinita, pela qual nada destes." Pascal pode concluir: "Isso é demonstrativo, e se os homens são capazes de alguma verdade, essa o é."

Cegueira

Fr.: *Aveuglement*

* Cegueira espiritual. O sentido figurado remonta à Grécia antiga (a cegueira de Édipo) bem como à tradição bíblica (os profetas denunciam a cegueira fatal do povo judeu). O acesso à verdade exige do homem cobrir os olhos: de Platão a Plotino, o desafio da ascese filosófica é a aprendizagem da intuição intelectual. Ligada às paixões, a cegueira espiritual é considerada culpada: crime de Édipo, pecado do povo de Deus. A exemplo do cego nato do Evangelho cujos pais são acusados pela multidão, o homem que padece de cegueira espiritual expia seu próprio pecado. O fato de o racionalismo clássico (Descartes, Espinosa) desculpabilizar a cegueira não impede Pascal de retornar à interpretação bíblica do fenômeno.

** Se a cegueira se deve ao pecado, ela é desgraça. Fatal, a cegueira é atribuída pelos gregos ao destino: louco de paixão, Orestes mergulha na noite. O herói trágico é privado da luz. Toda a história de Israel, do Êxodo até a Shoá, nos mostra homens e mulheres se precipitando no abismo sem nem sequer se dar conta. Deus (ou os deuses) não seria responsável pela cegueira dos povos? A luz seria um dom da liberalidade divina. Coloca-se, então, o problema da dispensação dessa graça. Se Deus esclarece alguns, cumpre admitir que ele cega outros. Já Santo Agostinho se fazia essa pergunta. Depois dele, Raymond de Sebond, Montaigne e, claro, Pascal.

*** Só Deus cega, só Deus clareia, mas se ele quis "cegar uns e esclarecer outros" (232), não será para condenar os primeiros e reservar sua salvação para os segundos? Topamos, desde a primeira palavra, com o terrível enigma da predestinação. Deixemos de lado essa primeira aparência escandalosa e tentemos desvendar o mistério da iniquidade. Cumpre dar lugar à pedagogia divina: "J. C. veio cegar aqueles que veem claramente e dar a vista aos cegos; ... justificar os pecadores e deixar os justos em seus pecados, cumular os indigentes e deixar os ricos vazios" (235). Saciou os famintos e dispensou os ricos de mãos vazias. De fato, o verdadeiro bem não está onde se crê que esteja. O Evangelho impõe esse deslocamento que das pessoas supostamente ricas faz pobres e dos pobres, ricos em potencial. Os escribas e os fariseus devem sua cegueira espiritual apenas a si próprios. Deus só se esconde da vista dos abastados para se revelar apenas para os que o amam. Dirão que é sempre ele quem ama primeiro, embora já soubesse qual seria nossa resposta. A predestinação se modera e torna-se presciência, o que salvaguarda o livre-arbítrio de que ninguém, em Port-Royal, pretende abdicar. "Há bastante clareza para iluminar os eleitos e bastante obscuridade para os humilhar. Há bastante obscuridade para cegar os réprobos e bastante clareza para os condenar e torná-los indesculpáveis" (236). Deus mescla o claro e o obscuro até no texto das Escrituras (893), para testar a disponibilidade do coração do homem. Os reprovados por Deus só o são "pela razão" de terem "reprovado Jesus Cristo" (347). Acaso os profetas não anunciaram "que Deus os ferirá de cegueira e que eles tatearão em pleno meio-dia como cegos" (*ibid.*)?

Cifra

Fr.: *Chiffre*

* A palavra designa, desde o século XV, uma escrita secreta, utilizada pelas chancelarias para garantir a confidencialidade das mensagens, pelos estudiosos, alquimistas em particular, para preservar a propriedade de suas descobertas, pelos próprios amantes para que suas confidências não sejam reveladas. No século XVI fala-se de cifrar uma mensagem; no século XVII, chama-se "cifração" a codificação dessas mensagens, "decifração" sua decodificação. O interesse contemporâneo pela "confusão de línguas", referida à história bíblica da Torre de Babel, suscita investigações puramente linguísticas sobre sua possível genealogia e sobre as leis de transformação de uma na outra, mas existem também autores que veem nelas sistemas codificados e que buscam uma "alquimia do verbo" que restituiria seu sentido oculto. Por que não seria este o caso da Sagrada Escritura, que evidentemente oferece vários níveis de significação, o mais superficial escondendo aqueles que ele encobre? No século XII, veio a lume a teoria dos quatro sentidos das Escrituras, literal, anagógico, tropológico e místico. Oriundos do judaísmo, os cabalistas irão imputar a uma mesma arte a decifração da língua hebraica e da arquitetura cósmica: as correspondências entre os signos linguísticos foram esquecidas da mesma maneira que o foram as correspondências entre os elementos naturais, entre as coisas até. Recuperar as línguas adâmicas permitiria penetrar a natureza das coisas.

** "As línguas", nota Pascal, "são cifras em que não há letras que viram letras, mas palavras que viram palavras, de sorte que uma língua desconhecida é ela própria decifrável." Que a própria Bíblia seja um documento cifrado não o surpreende. A exegese medieval glosava sobre quatro níveis de leitura, das quais Pascal só conserva dois, o literal e o espiritual, bastando essa dicotomia para seu discurso, que não é o de um exegeta, mas de um apologista. "O velho testamento é uma cifra" (276). "A cifra tem dois sentidos" (260). É o caso de uma letra "em que se encontra um sentido claro, e em que se diz entretanto que o sentido está velado e obscurecido, que ele está escondido de modo que se verá essa letra sem a ver e se a entenderá sem entender" (*ibid.*). Os profetas não se abstiveram de dizê-lo: "Jesus Cristo rompeu o véu e descobriu o espírito" (*ibid.*). Essa é a "chave da cifra" (249), que são Paulo nos dá quando nos diz que "era necessário que Cristo sofresse" (268) para mostrar ao homem, mediante o único verdadeiro sacrifício, a "circuncisão do coração".

*** É de fato concedido ao homem que triunfou sobre suas paixões ver o "sentido oculto" (260) das coisas, o das Escrituras, o da própria Natureza também, assimilada a uma cifra, que só transmite sua mensagem ao coração purificado. Até mesmo a História em seus grandes acontecimentos, bem como na cotidianidade de nossas existências, é uma cifra, cuja codificação resulta dos cálculos cada vez mais mesquinhos de nossas concupiscências. Natureza e História escondem Deus, assim como o Antigo Testamento o contém, enquanto o homem não tiver atingido o mistério da Cruz de Cristo. "Desde que se desvendou esse segredo, é impossível não o ver" (267).

Condição
Fr.: *Condition*

* A palavra, amplamente empregada por Montaigne, vem suplantar a palavra "natureza", acrescentando-lhe a consideração das qualidades de um ser no tocante a sua destinação. Essas qualidades, implicadas na natureza desse ser, eram óbvias até então. Falar de "condição" equivale a se indagar se essas qualidades são dadas: a condição relaciona-se, então, com circunstâncias, uma origem, um autor. *Condere* em latim significa instituir, fundar e até criar. O nascimento, que para a natureza era a realização de uma essência, passa a ser visto sob o ângulo do acidente: assim, a condição distinguirá os homens conforme o brilho ou a obscuridade de sua origem, nível de seu sucesso social; à consideração da forma e do fim genérico ou específico sucedeu a consideração do estado. É indubitável que o uso da palavra "condição" no século XVII representou uma revolução, em marcha desde o século XIV, na concepção do homem, que já não é definido pelo tipo ideal de uma espécie, mas não deixa de ser ele mesmo em meio a todos os acasos que constituem sua singularidade, no que ela tem de única e insubstituível.

** Para Montaigne, cada homem portava em si "a forma integral da condição humana". Fórmula de paradoxal violência se considerarmos que a integralidade, que só deveria ser dada ao tipo ideal da espécie, é imputada aqui à própria condição, cuja variabilidade de um ser para o outro o autor dos *Ensaios* não cessa de mostrar. Disso se beneficiou um humanismo da relação e do reconhecimento mútuo: de uma diversificação ao infinito do ser humano, Montaigne fazia uma riqueza. Pascal é mais desconfiado, mais crítico; a "condição" prevalece sobre as seguranças especiosas da ideia de natureza, que se acreditava estarem fundadas na razão, quando na verdade são sem razão: "Por que o meu conhecimento é limitado, o meu tamanho, a minha duração a 100 anos em vez de 1000? Que razão teve a natureza para dá-la assim a mim e para escolher esse meio de preferência a outro na infinidade, dos quais não há maior razão de escolher um do que outro, nada tentando mais que o outro?" (194). O indeterminável "meio" traduz a "deriva" daquele que está "visivelmente extraviado e decaído de seu verdadeiro lugar, sem poder reencontrá-lo" (400).

*** Pascal busca uma explicação para essa distância. Aos que lhe fazem objeção, ele retorque: "Não estais no estado em que vos criei" (149). A condição presente do homem é "inconstância, tédio, inquietação" (24). Ela é tão infeliz que evitamos pensar nisso e dela nos desviamos com qualquer ocupação. Tudo se passa como se o homem tivesse duas naturezas, uma evidenciada por seu impotente instinto de felicidade, a outra feita de cegueira e concupiscência. Concebamos, pois, que a condição do homem é dupla: o estado da criação, o da graça, tornava o homem "semelhante a Deus"; o estado da corrupção o torna "semelhante aos animais" (131). E Pascal invoca o mistério da transmissão do pecado, o que mais dista de nosso conhecimento e sem o qual, no entanto, não podemos ter o menor conhecimento de nós mesmos: "O enredamento de nossa condição assume as suas implicações e formas nesse abismo, de modo que o homem é mais inconcebível sem esse mistério do que esse mistério é inconcebível para o homem" (*ibid.*). Deus quis ocultar esse enredamento "tão alto ou, melhor dizendo, tão baixo" que não fôssemos capazes de o atingir pelas soberbas agitações de nossa razão e que fosse pela submissão da razão que pudéssemos tocá-lo.

Coração
Fr.: *Coeur*

* Acreditava-se saber, de longa data, em que consistia esse órgão do amor e da receptividade, que permitia conhecer o próprio Deus, conhecê-lo para amá-lo, amá-lo para conhecê-lo: "É o coração que sente a Deus" e não a razão. Eis o que é a fé: "Deus sensível ao coração, não à razão" (424). Desde Agostinho e Bernardo de Claraval, o debate girava em torno da prioridade do amor sobre o conhecimento. "Não se pode conhecer a verdade sem amá-la", decidirá Pascal, que já na *Arte de persuadir* destacara essa prevalência. A palavra vem da Bíblia, em que o coração é a sede dos sentimentos e paixões, mas também o órgão da consciência moral. Deus sonda os rins e os corações, mas o coração está muitas vezes "endurecido", a ponto de Deus dizer a Ezequiel que substituirá nosso "coração de pedra" por um "coração de carne". A noção volta a ser encontrada em são Paulo, que faz do coração a medida do homem: "Se vosso coração vos condena, Deus é maior que o vosso coração." Agostinho retoma as imagens bíblicas, insiste na "profundidade" do coração, vê nele um "abismo insondável" agitado por tempestades, mas também capaz de paz, quando Deus por ele passeia, como no coração dos santos. Insiste no caráter metafórico de uma simbólica que atribui a "um pouco de carne situada sob nossas costelas" todo o dinamismo do pensamento (*De anima et ejus origine*, IV, 6, n. 7).

** Quando Pascal retoma a imagem, ele se inscreve nessa tradição, mas não se trata de uma escolha inocente, pois tem de renunciar a outra tradição, a dos místicos reno-flamengos que desenvolveram uma tópica sensivelmente diferente: o coração é apresentado como o ápice da alma (*apex mentis*), o cume da vida espiritual que o homem só alcança ao fim de um movimento de *deificação*. O coração é o homem acima de si próprio, o homem de Deus. A partir de uma interpretação espiritual do *De anima* de Aristóteles, Teodorico de Freiberg confere ao coração uma verdadeira transcendência, a ponto de em Mestre Eckhart esse coração inumano, sobre-humano, ultra-humano já não pertencer ao homem, mas a Deus. Disso resultará toda uma mística do Sagrado Coração que marcará profundamente a piedade no século XVII. Ponto de contato entre o humano e o divino, o coração seria como a terra natal de Deus em nosso mundo.

*** É conhecida a reação de Port-Royal a uma "devoção muscular" imputada a são João Eudes. Um retorno aos textos de Agostinho inspirará o opúsculo de Saint-Cyran, *Le coeur nouveau* [O coração novo], que restitui ao coração humano seu significado tanto vital quanto espiritual: se o coração é, em sentido próprio, a fonte de onde irradia toda vida orgânica, é, em sentido figurado, o ponto de partida de todos os nossos impulsos; não há conversão que não fale dele. Donde o papel de princípio que Pascal lhe reconhece: "Coração, instinto, princípios" (155), princípios do discurso e da representação (espaço, tempo, movimento, números), sentimento da consistência das coisas que nos cercam, fé prática que funda nosso ser no mundo, certeza de que o dia amanhecerá ou de que não estamos sonhando... Por isso é que merece o nome de instinto, donde se vê que todas as nossas certezas, quer digam respeito à realidade cotidiana, quer à existência de Deus, procedem da mesma experiência. Compreende-se assim que ele possa se perder, que as coisas temporais possam saturá-lo a ponto de lhe ocultar Deus e que se deva amiúde constatar que "o coração do homem é oco e cheio de lixo" (139).

Corpo

Fr.: *Corps*

* Do corpo, a ciência clássica trata metaforicamente, pois reconstrói um análogo mecânico dele. É essa a ficção proposta por Descartes no começo do *Tratado do homem*. O paradoxo é que o corpo humano tenta recuperar sua organicidade, embora ele mesmo se torne uma metáfora da organização política. Claro que também haverá políticas mecanicistas, como aquela cujo argumento Hobbes propõe já na introdução de seu *Leviatã*, não recuando diante da noção de "homem artificial", para explicar a cidade. Menos consequente, Pascal, que não rejeita as hipóteses mecanicistas em filosofia natural, encontra uma inspiração vitalista quando se trata do corpo social; só o faz, é verdade – e esse é outro paradoxo – por intermédio de uma interpretação espiritual da vida: o corpo em questão é um corpo místico.

** A fonte, evidentemente, é Paulo, I *Coríntios*, 12. O apóstolo empregava a metáfora organicista para justificar a diversidade dos carismas na Igreja e para introduzir o tema da caridade. O "corpo" funcionava em relação a seus membros como um agente de diferenciação, subordinando-os ao mesmo tempo a um fim único, sua própria conservação; donde o amor de cada qual por todos. Por adquirir sua particularidade no todo, cada membro só salvaguarda sua diferença trabalhando para a manutenção do todo.

*** Pascal induz daí a lei que deve "regrar toda a república cristã": o verdadeiro amor de si não é o amor-próprio, mas o amor aos outros e o amor a Deus. "Para fazer com que tais membros sejam felizes é necessário que tenham uma vontade e que a conformem ao corpo" (370). Membros felizes seriam membros capazes de "sentir a felicidade de sua união":"Como ficariam felizes se o sentissem, se o vissem, mas para isso seria preciso que tivessem inteligência para conhecê-lo e boa vontade para consentir na inteligência da alma universal" (360). É esse o verdadeiro amor de si. Em contrapartida, reter o alimento em si "sem deixá-lo passar para os outros membros" seria se odiar e não amar a si próprio. Os membros do corpo devem estar cientes disso, "sua beatitude tanto quanto seu dever consistem em consentir com a conduta da alma inteira à qual pertencem, que os ama mais do que eles próprios se amam" (*ibid.*). É esse o "corpo pleno de membros pensantes" (371). Quando não vê o corpo de que depende, o membro separado "quer fazer-se centro e corpo", mas, não tendo em si nenhum "princípio de vida, não faz senão extraviar-se... sentindo claramente que não é corpo, sem no entanto ver que é membro de um corpo" (372). O sentido místico está nesta revelação: "Nós nos amamos porque somos membros de Jesus Cristo; amamos a Jesus Cristo porque ele é o corpo de que nós somos membro. Tudo é um. Um está no outro como as três pessoas" (*ibid.*).

Costume

Fr.: *Coutume*

* Costume [*coutume*, hábito]/costume [*costume*, traje]. Não é por acaso que a etimologia define este último como "uma aparência externa regida pelo costume" (por volta de 1662). É como o entendem os contemporâneos de Pascal: "Eu presto honras – escreve ele – a um homem vestido de brocados... aquela roupa é uma força" (89). E mais: "O chanceler é sério e revestido de ornamentos, pois seu cargo é falso... ele só tem imaginação" (87). Há impostura no costume que veste de forma vantajosa uma realidade falha. Quer se trate de pessoas que usurpam sua posição, leis injustificáveis, condições sociais, crenças infundadas, convenções práticas ou mesmo critérios estéticos, tudo o que deveria ser imputado à natureza é atribuído ao costume. Invocar o costume, nesses diversos domínios, decorre, portanto, de uma intenção crítica, destinada a fazer aparecer o defeito de natureza.

** Esse uso polêmico não é novo: Montaigne dedica todo um ensaio (I, 23) à força do costume; faz dele a "rainha do mundo"; estamos obrigados a ele visto que o uso nos oculta a verdadeira "face das coisas". Somos forçados a nos submeter a ele. Pierre Charron retomará essa ideia, que logo irá autorizar os juristas na compilação dos *Grands coutumiers* de Auvergne, de Gascogne e de outras partes. Pascal conheceu, pois, as obras de Jean Savaron, de Jean de Basmaison e outros jurisconsultos. Contudo, segundo ele, "Montaigne está errado: o costume somente deve ser seguido porque é costume e não porque é razoável ou justo, mas o povo o segue pela única razão de achar que ele é justo" (525). Montaigne com certeza percebeu a impostura, viu "que o costume tudo pode, mas não viu a razão desse efeito" (577). Cumpre relacionar o costume com a desnaturação de que o homem dá provas.

*** Isso posto, o costume se torna, mais que um princípio de explicação, o argumento de uma desmistificação das crenças e condutas humanas: ele confere crédito às ilusões dos sentidos (44), estabelece em nossas mentes a força do rei (419), fundamenta até nossas certezas na ordem da geometria (*ibid.*). Ele que "faz os pedreiros, soldados e telhadores" (634), também não faz "tantos turcos, hereges, infiéis, (que) seguem o caminho de seus pais pela simples razão de que foram convencidos ser ele o melhor" (193)? Ele "força a natureza" (634) a tal ponto que nossos "princípios naturais" não passam de "princípios costumeiros" (125). Isso vale até para o amor natural dos filhos pelos pais, que chegamos a temer que se apague: "Que natureza é essa então, sujeita a ser apagada? O costume é uma segunda natureza que destrói a primeira" (126). E Pascal leva sua crítica até o fim: "Temo muito que essa mesma natureza não venha a ser um primeiro costume" (*ibid.*).

Deus oculto
Fr.: *Dieu caché*

* É uma expressão tão pascaliana que um intérprete dos *Pensamentos* fará dela uma chave para essa obra. No entanto, Pascal a devolve a seu autor original, Isaías: "Verdadeiramente tu és o Deus que te ocultas" (XLV, 15), e o profeta anuncia "o homem de dores... diante de quem cobrimos o rosto" (LIII, 3), pois se Deus é o "santuário", é também a "pedra de tropeço" (VIII, 14): "Embota o coração desse povo... vela-lhe os olhos, de medo que seus olhos não vejam" (VI, 10). Pascal segue o texto palavra por palavra (228), volta a ele mais adiante (734) para lhe dar uma interpretação: "(O Messias) deve cegar os sábios e os estudiosos... e anunciar o Evangelho aos pobres e pequenos, abrir os olhos dos cegos... levar à luz os que definham nas trevas." O tema do Deus que se oculta concerne em primeiro lugar ao apologista, pois parece se inscrever numa dramática da Revelação: Deus se esconde "daqueles que dele fogem... querendo mostrar-se abertamente aos que o buscam... Há bastante luz para aqueles que não desejam senão ver e bastante obscuridade para aqueles que têm uma disposição contrária" (149). O homem não deve acusar Deus pela falta de sinais, deve responsabilizar apenas a si mesmo por uma cegueira que decorre do endurecimento de seu coração.

** Dirão ser esta uma leitura tradicional. Quando o autor dos *Escritos sobre a graça* diz que "Deus discerniu seus eleitos... por razões que os homens desconhecem" (J. Mesnard, III, p. 794), ele se inspira no *Opus imperfectum contra Julianum* I, 48 de santo Agostinho. Se "agrada a Deus escolher, eleger e discernir", é porque Deus sempre precede o homem, mas nesse mistério do discernimento ele só condena à danação prevendo os deméritos, embora salve sem considerar os méritos. Estamos na mesma linha do *De correptione et gratia* do bispo de Hipona, mas também na do *Deus absconditus*, tal como o interpreta Mestre Eckhart por exemplo. A falta de Deus decorreria menos do endurecimento do coração humano que da própria transcendência divina: nunca mais ele mesmo do que quando ultrapassa sua potência, Deus nesse desapego último desprende-se de toda presença (*Traité du détachement*, ed. J. P. Labarrière, p. 182). Uma leitura similar poderia ser encontrada em Bérulle, para quem a criação *ex nihilo in nihilo* é expressão menos da potência de Deus do que da *exinanitio* de sua grandeza, "Deus comunicando-se tão somente ao se esquecer e se anular" (*Opuscules de piété*, ed. Vetö, p. 171).

*** O fato, contudo, de Pascal não crer nessa segunda leitura mostra que ele não é místico. "O estranho segredo em que

Deus se retirou" (Carta aos Roannez, final de out. de 1686) é um apelo à conversão, essa "circuncisão do coração" que deve tornar o homem capaz de Deus. Aqui, o critério é o da utilidade: sem obscuridade o homem não sentiria sua corrupção; é "útil para nós que Deus esteja em parte oculto e em parte descoberto, pois é igualmente perigoso para o homem conhecer a Deus sem conhecer a própria miséria e conhecer a própria miséria sem conhecer a Deus" (449). Portanto, Deus se quis oculto para levar o homem a se converter; ocultou-se sob um triplo véu: o da natureza, o da humanidade de Cristo, e − segredo ainda mais estranho e mais obscuro − sob as espécies da Eucaristia (mesma carta). Poderíamos agregar um quarto véu, o das próprias Sagradas Escrituras, cujo sentido literal é suficientemente perfeito em si mesmo para esconder o sentido místico; os próprios judeus se enganaram. Pascal tira disso este critério: "Sendo Deus assim escondido, toda religião que não diz que Deus é escondido não é verdadeira" (242).

Divertimento, diversão
Fr.: *Divertissement*

* A acepção de passatempo, entretenimento, distração data do século XVII. Até então, a palavra *divertissement* designava a ação de desviar um bem num inventário ou de excluir uma pessoa numa divisão. Pascal vê nela uma categoria moral; toda atividade de esquiva, de substituição ou de compensação nela se inclui: a diversão consistirá em preferir em nossas vidas o acessório ao essencial. Partamos de um fato social: não há local em que a diversão, no sentido lúdico do termo, esteja mais presente do que na corte dos reis; estes estão cercados de pessoas preocupadas em cuidar de "que o rei não fique sozinho e em condições de pensar em si" (137). Contudo, o rei tem seus negócios para administrar, sua grandeza para contemplar; por que devemos lhe "fornecer prazeres e jogos de modo que não haja nenhum vazio"? Seus pensamentos ficam, assim, preenchidos com a preocupação de dançar bem, sua alma ocupada em "ajustar os passos à cadência de uma ária" em vez de deixá--lo gozar em repouso de sua glória (*ibid.*). Esses entretenimentos, requisitos da condição real, dão prova, precisamente, de um vazio, que todos os bens e poderes do mundo não podem preencher. Ora se "um rei sem divertimento é um homem cheio de misérias" (*ibid.*), o que dizer dos outros homens?

** "Sem divertimento não há alegria; com o divertimento não há tristeza" (136). Esse princípio geral permite julgar as condições: o soldado ou o lavrador que se queixam de seu estado, mas que morreriam de tédio se os deixassem sem nada para fazer; os medianamente hábeis que "suam em seu gabinete para mostrar aos sábios que resolveram uma questão de álgebra"; os ambiciosos que "se expõem aos maiores perigos para se vangloriar depois de uma praça que tomaram" (*ibid.*)... Também permite julgar as situações: o pai que perdeu o filho único, o outro atormentado por um processo e que já não pensam em mais nada disso agora que seus cães estão no encalço de um javali (136). Que dizer daqueles que "se entretêm em seguir uma bola ou uma lebre" (39)? A bem dizer, a "caçada" importa mais que a "presa". Não falemos mais de frivolidades, é trágico esse jogo que revela um vazio mais radical e mais profundo, mas que também tenta dissimulá-lo: "a lebre não nos garantiria contra a visão da morte... mas a caça, sim, nos garante" (136).

*** "A única coisa que nos consola de nossas misérias é a diversão. E no entanto é a maior de nossas misérias" (414). Não queremos ver o que somos; conhecer nossa condição pecadora e mortal nos lançaria no tédio, ao passo que "a diversão nos entretém e nos faz chegar insensivelmente à morte" (*ibid.*). O tédio, contudo, é uma miséria menor do que a agitação que o engana, pois "esse tédio nos levaria a buscar um meio mais sólido de sair dele" (*ibid.*). É ruim sentir seu nada sem o conhecer, pois nesse caso tentamos apenas dele nos esquivar ao invés de o preencher. "O homem é tão infeliz que se entediaria mesmo sem nenhum motivo de tédio, pelo estado próprio de sua compleição" (136). É esse "nó" (131) que é preciso desatar, mostrando ao homem quem ele é.

Espírito

Fr.: *Esprit*

* Essa palavra possui grande diversidade de acepções na idade clássica. A mais difundida é aquela encontrada no *Dicionário de Furetière*, onde "espírito" quer dizer "inteligência"; assim um "espírito esclarecido" é aquele que tem "belas luzes e belos conhecimentos". Será qualificado de "espirituoso" aquele que der mostras de "muito espírito". Dois sentidos distinguem-se durante o século XVII: um, intelectual, relativo ao pensamento na medida em que este se separa do corpo e, portanto, do sensível; outro, vital, que faz do espírito o princípio de ação, a fonte original da atividade. Um terceiro sentido aparece no século XVII, indicando a quintessência intelectual e moral de uma obra ou de um autor: assim, o *Espírito do Sr. Nicole*, publicado após o falecimento do autor, é apresentado como uma coletânea muito elaborada das melhores páginas de seus livros. Para não esquecer, lembremos a acepção física da palavra "espírito", que, desde a Idade Média, designa as mais ínfimas partes de uma matéria sutil, como "espírito de vinho", "espírito de sal" e "espíritos animais" para designar as mais leves e voláteis partes do sangue.

** Pascal adota as acepções intelectual e vital. A primeira fica evidente nas expressões "espírito de geometria" e "espírito de finura", que designam dois modos de apreensão dos princípios conforme sejam palpáveis e grosseiros, mas geralmente afastados do uso comum, ou então estejam diante dos olhos de toda a gente, mas sejam tão finos e tênues que não são fáceis de manusear e que, mais que vistos, são sentidos, o que não está dado para todos. O geômetra se distinguirá em tudo o que diz respeito ao método e suas estratégias; o fino se distinguirá nas coisas da vida, em que é preciso proceder "tacitamente, naturalmente e sem arte", pois elas são da ordem do sentimento e "o sentimento pertence apenas a poucos homens" (512). Pascal também encontra o espírito, na sua teoria das "três ordens", na segunda classe: "A grandeza das pessoas de espírito é invisível para os reis, os ricos, os capitães" (308). Entra-se então num processo de superação: "A moral do juízo zomba da moral do espírito, que não tem regras" (514). Escutemos a moral do juízo, "pois é ao juízo que pertence o sentimento, como as ciências pertencem ao espírito" (*ibid.*). Esse movimento de suprassunção promove finura, sentimento e juízo para constituir a ordem do coração.

*** O pensamento de Pascal procede, pois, no modo da trans--ascendência. Longe de a ordem inferior encaminhar gradualmente para a ordem superior, é a ordem superior que atrai para si a ordem inferior, obriga-a a sair de si mesma e, em definitivo, a compreende. A ordem superior sem dúvida se distingue da anterior: "O coração tem sua ordem, o espírito tem a sua, que procede por princípio e demonstração. O coração tem outra. Não se prova que se deve ser amado" (298). Sob a atração do coração, contudo, o espírito se transforma, até ser capaz de distinguir o singular: "Na medida que se tem mais espírito, acha-se que há mais homens originais" (509). Tal discernimento proporciona esse "sentido reto" que tira "as consequências de poucos princípios" (*ibid.*), que constitui a superioridade do "espírito de justeza" sobre o "espírito de geometria", tanto nas ciências experimentais como nas ciências humanas. Para estas, "força e retidão de espírito", para a geometria, "amplidão de espírito". A derradeira promoção do espírito nos leva ao sentido vital da palavra, o de são Paulo: a letra mata, mas o espírito vivifica. Está-se, então, em plena categoria do "espiritual", ou seja, na ordem do coração.

Eu

Fr.: *Moi*

* Houve quem quisesse imputar a uma influência cartesiana a temática pascaliana do "eu". A favor deles, pode-se citar o fragmento 135 que parece compor o argumento central da *Meditação II* e a prova *a posteriori* da *Meditação III*: "Eu sinto", escreve Pascal, "que posso não ter sido, pois o eu consiste no meu pensamento. Portanto, eu que penso não teria sido se minha mãe tivesse sido morta antes que eu tivesse sido animado. Portanto, não sou um ser necessário. Não sou tampouco eterno nem infinito. Mas vejo bem que há na natureza um ser necessário, eterno e infinito" (135). A comparação se impõe aqui bem como em outros fragmentos, mas as outras ocorrências da palavra "eu" inscrevem-se em outro registro, o do amor-próprio: o eu já não é o sujeito que pensa, mas objeto de um retorno do homem sobre ele mesmo em busca de sua singularidade; essa experiência costuma ser decepcionante. Pode-se, contudo, falar incontestavelmente de um egotismo de Pascal que, não concordando com Montaigne sobre os malefícios da idade, exclama: "Tenho inveja de mim mesmo. Este eu de vinte anos já não é eu" (*Pensamentos inéditos* V).

** Claro que, aqui, a fonte continua sendo Montaigne: "Tenho retratos de minha forma aos vinte e cinco e trinta e cinco anos; comparo-os com o atual, quantas vezes já não sou eu!" (*Ensaios* III, 13). Para além de certa complacência narcísica, Pascal conservou de Montaigne a preocupação de conhecer a si mesmo. Sem dúvida por se sentir muito próximo, quer se distinguir dele, criticando-o por "falar demais de si" (649): "O tolo projeto que tem de se descrever e isso não de passagem... mas por uma intenção primeira e principal" (780). E se fosse a si próprio que Pascal buscasse em Montaigne, projetando-se de certa maneira nos *Ensaios* como se fosse num espelho: "Não é em Montaigne mas em mim que encontro tudo o que nele vejo" (689). Mas, justamente, o que encontra aí senão um violento questionamento das prerrogativas que o eu gostaria de atribuir a si? Contra uma certa filosofia que gostaria de fazer dele o juiz de tudo, Montaigne escreve: "Nossa vigília dorme mais que o sono, nossa sapiência é menos sábia que a loucura, nossos sonhos valem mais que nossos raciocínios. O pior lugar em que podemos estar é em nós mesmos" (*Ensaios* II, 12). Mais radical ainda é a desqualificação que faz da razão quando a situamos em nossa alma, pois então "dissimulamos o nome sob falsas insígnias" do que só poderia se alojar "no seio de Deus" (*ibid.*).

*** O tema mais constante será a crítica do amor de si, incompatível com o amor a Deus: "É preciso amar só a Deus e odiar só a si mesmo" (373). Logo, o eu é "odiável" porque "é injusto que ele se faça o centro de tudo" e porque "é incômodo para os outros por querer submetê-los" (597). Esse eu que a civilidade se limita a ocultar, a piedade cristã tem de "aniquilar" (1006). A razão disso é que o amor a si exclui qualquer outro amor: acaso é o amor-próprio outra coisa senão esse instinto que o leva a fazer-se Deus (617)? Essa incrível inflação do eu só leva em consideração a decepção que ele nos causa: "Quer ser grande, vê-se pequeno; quer ser feliz e se vê miserável; quer ser perfeito, vê-se cheio de imperfeições; quer ser objeto do amor e da estima dos homens e vê que seus defeitos só merecem a aversão e o desprezo deles" (978). O que é, afinal, o eu? Se o despojamos de qualidades usurpadas ou de atributos imaginários, ele não é nada (688).

Fé
Fr.: *Foi*

* A fé é o crédito que se concede a uma doutrina ou a uma pessoa. Esse crédito pode estar baseado em bons motivos; se esses motivos constituem uma causa suficiente da crença, esta já não é livre, e o ato de fé, agora sem risco, também é sem mérito; se esses motivos, em contraposição, inclinam sem necessidade, a fé supõe uma parcela, maior ou menor, de gratuidade, conforme a importância do que nela esteja em jogo. E é aí que a teologia dela se apropria, menos para ajudar a compreender o que está em jogo, mais para esclarecer sobre sua origem e seu princípio. Tomás de Aquino professa que "a fé nos é infundida por Deus" (II-IIae, q. 6, art. 1). É uma ideia que vem de Agostinho que, na sua controvérsia com Pelágio, torna a fé tributária da graça: "Quando temos a ideia da verdadeira graça... não nos resta outro partido a tomar senão reconhecer como um dom de Deus puramente gratuito a própria fé" (*De praedestinatione sanctorum*, I, 2). Antoine Arnauld precisa: "Não se pode crer que a graça seja realmente graça... se não cremos também que a própria fé... é um puro dom de Deus" (*Apologie pour les Saints Pères*, VI, cap. 13). Pascal concorda, saudando "aqueles a quem Deus deu a religião por sentimento de coração" e reconhecendo-os "muito legitimamente persuadidos" (110). "É o próprio Deus que os inclina a crer" (382). Devem com isso se contentar? "Cristãos sem o conhecimento das profecias e das provas... eles julgam pelo coração como (os que têm esse conhecimento) julgam pelo espírito" (ibid.). Não conviria conjugar a ambos?

** O apelo ao coração não põe a razão de lado. "Dessa fé que o próprio Deus coloca no coração", a prova é, com efeito, muitas vezes o "instrumento" (7). Aquela que o raciocínio dá "não é senão humana e inútil para a salvação" (110), mas aquela que Deus dá merece ser argumentada e afasta das provas que a mantêm em nós e nos permitem comunicá-la. Até mesmo o costume vem sustentá-la: "Quem se acostuma com a fé crê nela" (419). Mais vale, contudo, "colocar nossa fé no sentimento" do que expô-la às lentidões da razão que se perde na multidão de seus princípios; de fato, o sentimento "age num instante e está sempre pronto para agir" (821). Portanto, a fé é mais segura; sem ela, o homem "não pode conhecer o verdadeiro bem, nem a justiça" (148), pois só conhecemos Deus se lhe agradar revelar-se a nós. Ainda assim, não há ato de fé que não implique razão e vontade: acreditaríamos em tudo o que escutamos? "Não deveis acreditar em nada sem vos colocar no estado como se jamais a tivésseis ouvido. É o vosso consentimento a vós mesmos e a voz constante de vossa razão e não dos outros que vos deve fazer acreditar" (505). A razão se submeterá quando julgar que deve fazê-lo (174). Saber manter razão é também estar em guarda em relação à sua razão.

*** O fato de que a fé passe os sentidos e a razão não desqualifica seu uso na ordem deles: "A fé diz certamente o que os sentidos não dizem, mas não o contrário do que eles veem. Ela está acima e não contra" (185). De fato, ela está dotada de uma visão de mais longo alcance: "Como é belo ver pelos olhos da fé, Dário e Ciro, Alexandre, os romanos, Pompeu e Herodes, agirem sem o saber para a glória do Evangelho" (317), de uma visão capaz "de abraçar várias verdades que parecem contradizer-se" e de perceber entre elas "uma ordem admirável" (733): os dois mundos, a criação de um novo céu e de uma nova terra, o advento de um novo Adão, "coisas todas dúplices e conservando o mesmo nome". "A fonte disso está na união das duas naturezas em Jesus Cristo" (*ibid.*). A fé, de resto, tem um único objeto, Jesus Cristo, uma única origem, Jesus Cristo também, que dá ao homem conhecê-lo e amá-lo, e é essa experiência que do morto faz um vivo, do pecador um justo, do réprobo um eleito.

Figura

Fr.: *Figure*

* Signo de uma realidade de ordem superior, como a representação virtual de uma noção geométrica ou a imagem sensível de uma realidade espiritual. Platão se interessa pela construção figurativa das ideias e dos números, são Paulo pelo modo como o invisível de Deus se torna visível em suas obras pela criação. A noção de "figura" é, pois, o operador de uma hermenêutica intelectual ou espiritual, baseada na constatação de que o sensível não emite espontaneamente a plenitude de um sentido, que ele dissimula ao mesmo tempo que o manifesta. A figura simultaneamente anuncia e vela a verdade que exprime. A hermenêutica se desdobra a partir do momento em que nos lembramos que à inteligência da razão deve se acrescentar a inteligência da fé.

** Inscrevendo-se na tradição dos dois livros, Pascal faz deles o instrumento de uma interpretação da natureza e da escritura. Decifrar a escritura supõe um postulado de coerência: conciliam-se passagens contrárias considerando que aquelas que estão em discordância com o contexto falam em sentido figurado. Analogicamente, a natureza é uma cifra que deve ser levada até a expressividade do sentido que ela esconde. *A fortiori*, a história também será considerada uma cifra, com seus acontecimentos dando prova de uma luminosa coerência quando se faz deles os figurativos de uma aventura espiritual escandida pelos episódios da gesta divina: Criação, Pecado, Encarnação, Redenção.

*** "Figura traz em si ausência e presença, prazer e desprazer" (265). Pascal insiste: "Um retrato traz em si ausência e presença, prazer e desprazer. A realidade exclui ausência e desprazer" (260). No entanto, quem decide isso? A leitura da Bíblia exige ambos os registros; considerando o *Deuteronômio* e as prescrições relativas aos sacrifícios, Pascal nota: "Todas essas passagens juntas não podem ser ditas da realidade; todas podem ser ditas da figura. Elas não são ditas da realidade mas da figura" (259). Donde o princípio: "Quando a palavra de Deus, que é verdadeira, é falsa literalmente, ela é verdadeira espiritualmente" (272). Mas por que os profetas utilizam o recurso do retrato? Por que Deus se dirige a seu povo indiretamente? Pascal cita são Paulo falando dos judeus: "Tudo isso acontecia em figura" (859), mas Cristo "abriu-lhes o espírito para entender as Escrituras" (253) ensinando a caridade: "Tudo aquilo que não aponta para a caridade é figura. O único objeto das Escrituras é a caridade" (270). Assunto de pedagogia divina: "a lei era figurativa" (245), ela subsistiu enquanto foi necessária; também "a sinagoga não perecia porque era a figura... A figura subsistiu até a verdade a fim de que a Igreja fosse sempre visível ou na pintura que a prometia ou na realidade" (573). Isso quer dizer que a figura está agora ultrapassada? – "Na Igreja", responde Pascal, "a verdade está encoberta e reconhecida por sua relação com a figura" (826); ela tem "sua verdade e suas sombras" (*16a Provincial*) à espera do reino de Deus. "A figura foi feita com base na verdade, e a verdade foi feita com base na figura" (826).

Finura

Fr.: *Finesse*

* É entendida desde o século XV, em sentido objetivo e subjetivo, para designar tanto as coisas de extrema delicadeza de forma ou de matéria, quanto a aptidão dos sentidos ou do entendimento para discerni-las. O que é fino será dito delgado ou delicado e, quando se torna quase imperceptível, sutil. Paralelamente, falar-se-á de espírito fino ou delicado ou de sutileza mental para caracterizar uma aptidão para discernir as diferenças ou as relações que o comum dos mortais não discerne. No século XV, a ênfase está colocada na penetração da intuição ao se falar de sagacidade, e na distinção das nuanças ao celebrar a perspicácia. Essa terminologia variada revela a preocupação do homem em abaixar o limiar do ínfimo até alcançar os princípios últimos de todas as coisas. Reatando com a tradição do *acies mentis*, para a qual o espírito era tão agudo que podia alcançar o próprio segredo das coisas, Gerônimo Cardano erigira a "sutileza" em modo de acesso ao que os sentidos percebem apenas dificilmente e ao que o entendimento já não pode apreender.

** Entende-se que essa abordagem interesse a física, mas também a matemática e até a psicologia. Assim, a expressão "espírito de finura" aparece no centro dos debates entre Pascal e o cavaleiro de Méré, tanto sobre as coisas do amor quanto sobre os entes matemáticos, como revela sua correspondência. Pascal ressalta com espanto a incapacidade do cavaleiro de admitir a divisibilidade ao infinito. Contudo, não é perspicácia que parece faltar a esse perfeito *honnête homme*, cujas recomendações são bem conhecidas: "É necessário observar tudo o que se passa no coração e no espírito das pessoas com quem se conversa, e se acostumar desde cedo a conhecer os sentimentos e pensamentos por sinais quase imperceptíveis... É necessário ter o espírito bem penetrante para descobrir as maneiras mais conformes à gente que se frequenta." Como pode ser que essa perspicácia nas coisas do coração tenha a vista tão curta em matemática?

*** A propósito disso é que intervém, em Pascal, a famosa distinção entre "espírito de finura" e "espírito de geometria", não que ambos se oponham, apenas se distinguem para interagir. Um primeiro texto, *Do espírito geométrico*, põe em operação esse "espírito de nitidez", indispensável para quem queira tudo definir e tudo demonstrar; mas, embora Méré já esteja na mira nesse tratado, a resposta mais elaborada é dada pelo fragmento 512. Embora para o geômetra os princípios sejam "palpáveis", eles estão "afastados do uso comum"; para o espírito de finura, em contrapartida, os princípios estão "diante dos olhos de toda a gente", mas são "tão delgados e em tão grande número", que é necessário ter "a vista bem clara" para vê-los todos e "o espírito justo para não raciocinar de modo falso".

Ora, cumpre constatar que "os geômetras se perdem nas coisas da finura nas quais os princípios não se deixam manusear" e que os finos desanimam porque não estão acostumados a proceder por arte, definições e progressos de raciocínios. Entende-se que, fora das coisas da vida, os finos que só são finos enfrentem dificuldades: "não conseguem ter a paciência de descer até aos primeiros princípios das coisas especulativas e de imaginação que jamais viram no mundo e (que são) totalmente sem uso".

Geometria

Fr.: *Géométrie*

* Tomaremos essa palavra aqui apenas em relação ao seu antônimo pascaliano que é "finura". A geometria não é a ciência por excelência? – "O que passa a geometria nos ultrapassa" (*Do espírito geométrico*). No entanto, é justamente de uma ultrapassagem dela que se trata quando Pascal nos propõe "um método ainda mais eminente e mais completo", aquele que conseguiria tudo definir e tudo demonstrar. E novamente se coloca a questão dos princípios, esses primeiros termos que parecem sempre supor outros anteriores. A geometria entra no círculo vicioso.

** A saída está neste preceito: "submissão e uso da razão" (167). "Deve-se saber duvidar onde é preciso, ter certeza onde é preciso, submeter-se onde é preciso. Quem não faz assim não ouve a força da razão" (170). O fato de que a razão seja incapaz de provar os princípios não pode ser imputado a sua fraqueza nem ser prejudicial à certeza da demonstração: "Os princípios se sentem, as proposições se concluem, e tudo com certeza, embora por diferentes caminhos" (110). Reconhecer ao coração seu ofício nada tira à razão: não cabe a esta julgar princípios, cabe-lhe garantir a consequência das proposições; seria tirania de sua parte querer exercê-la fora de sua ordem. A razão é forte na aceitação de seus limites naturais: "A razão não se submeteria nunca se ela não julgasse que há ocasiões em que ela deve se submeter" (174). Ser geômetra é, no domínio que for, defender os direitos da razão; assim, a fé cristã poderá extrair seus princípios do sentimento e nem por isso será menos rigorosamente argumentada: "é o vosso consentimento a vós mesmos e a voz constante de vossa razão e não dos outros que vos deve fazer acreditar" (505). Entende-se a divisa do apologista: "Pirrônico, geômetra, cristão" (170).

*** No entanto, o espírito de geometria não é o espírito da geometria, mas uma maneira de se prevalecer dos procedimentos do geômetra, e é por isso que tem de ser comparado com o espírito de finura, que é seu contrapeso. É ridículo "tratar geometricamente" coisas finas: "não se prova que se deve ser amado expondo por ordem as causas do amor" (298); trata-se de ver de repente, de um só olhar, diz belamente Pascal, e não por progresso de raciocínio. Em contrapartida, nos domínios em que os princípios podem ser manuseados porque são claros e grosseiros, o espírito de geometria será o único habilitado a conduzir a consequências, embora haja diferença entre o discernimento dos princípios, que é próprio do espírito de geometria, e a busca das últimas consequências, que seria, antes, da alçada do "espírito de justeza" (511). A geometria, com efeito, "compreende um grande número de princípios", ao passo que a física – bem como a ciência da água – compreende "poucos princípios", mas cujas consequências são tão finas "que só uma extrema retidão de espírito pode chegar a elas" (*ibid.*).

Graça
Fr.: *Grâce*

* "Toda a fé consiste em Jesus Cristo e em Adão e toda a moral na concupiscência e na graça" (826). Na dramática da queda provocada pelo pecado original, ergue-se um debate patético entre natureza e graça, realidades antagônicas enquanto não se regulam por este princípio inspirado em Paulo, *Romanos* I, 20, de que "A natureza é uma imagem da graça, e os milagres visíveis são imagens dos invisíveis" (503). Já na carta de 1º de abril de 1648, Pascal notava: "As coisas corporais não são senão uma imagem das coisas espirituais, e Deus representou as coisas invisíveis nas visíveis." Assim sendo, tudo está claro na natureza que manifesta seu autor, na história que revela, de era em era, aquele que sempre vem, na própria lei que prescreve o que não deixa de ser em todo o sempre. O próprio Tomás de Aquino escreveu: "A graça não destrói a natureza, ela a leva à sua realização" (Ia, q. 1, art. 8). Para Tomás, tratava-se de pôr a razão natural a serviço da fé, assim como a inclinação natural a serviço da vontade; cabe indagar se essa subordinação e essa continuidade são evidentes em Pascal.

** O que chama a atenção, nos *Pensamentos*, é que o homem já não tenha um lugar numa natureza, mas que se mova nas duas dimensões da graça que o eleva e da queda que o humilha: "Se vos unem a Deus, é por graça, não por natureza. Se vos rebaixam, é por penitência, não por natureza" (149). Reintegrar a natureza seria, para o homem, esquecer sua vocação espiritual e se perder na animalidade: "Perdida a verdadeira natureza do homem, tudo passa a ser sua natureza" (397): ou seja, na falta de "verdadeira natureza", o homem oscila entre graça e desgraça, queda e redenção, levado a reinterpretar todas as determinações naturais como simplesmente figurativas de determinações espirituais. Pior ainda, os filósofos, pretendendo se ocupar dessa bipolaridade, inspiraram no homem movimentos quer de "grandeza pura", quer de "baixeza pura", quando teria sido necessário que o homem se abaixasse na penitência, a fim de poder se elevar na graça (398).

*** A graça supre o defeito de natureza; é para o homem como um segundo nascimento; regenera Adão em Jesus Cristo. Não é, no entanto, o último estágio dessa realização. "Como a natureza é uma imagem da graça... e mesmo a graça não é mais que a figura da glória" (275). Comovente analogia que se apropria da desnaturação do homem para convocá-lo a essa participação na vida divina que é o estado de glória. O texto prossegue: a graça "foi figurada pela lei e ela própria figura a glória". Curiosamente, a analogia se desloca quando a lei substitui a natureza; é que a lei, como a natureza, acusa, faz aparecer um defeito, uma falta de ser, traduzidos por um sentimento de dever ou de obrigação: natureza e lei são as imagens em negativo da graça, ambas incapazes de nos tornar merecedores dela. A graça, em contrapartida, embora seja a figura da glória, é também seu "princípio ou causa", ou seja, nos faz merecedores dela e para ela nos encaminha. Se a graça dispõe de uma eficácia recusada à natureza, é porque essa graça vem de Deus; ainda que coopere com a vontade humana, esta última nunca será mais que "causa segunda" em comparação com a única "causa primeira", que é a vontade de Deus (*Escritos sobre a graça*, J. Mesnard, III, p. 678).

Imaginação
Fr.: *Imagination*

* A imaginação tem uma má reputação na época clássica: ela engana os sentidos, impede o juízo, subverte o raciocínio, nos dá de nós mesmos uma ideia abusiva, falsifica as relações sociais, altera até nossa concepção do absoluto, satisfazendo indevidamente o que esperamos de Deus. Esse descrédito se insere numa tradição clássica, na qual se inscreve Descartes, quando faz dela uma aberração do sensível, só a perdoando pela função figurativa que pode ter em geometria. Entende-se por que Pascal, no seu *Tratado da massa do ar*, deplora a caução que ela dá a opiniões errôneas, como a pretensa necessidade que a água teria de sempre subir pelo cano em razão do horror que a natureza teria do vazio. Contudo, enquanto Descartes se contenta em situar a imaginação na sua ordem, Pascal irá denunciar nela uma potência de substituição, que faz as vezes dos sentidos, da razão e do coração, quer os engane (975), quer os suplante (530), a ponto de os dominar (44, 196). Por isso é que a inclui na categoria das potências trapaceiras.

** Aqui é onde surge a ambiguidade: trapaceira, a imaginação nem sempre o é. Portanto, não se pode pura e simplesmente recusar seus efeitos: "Ela marca com as mesmas características o verdadeiro e o falso" (44). Caso a suspendêssemos, privar--nos-íamos de um poder de representação, que bastaria saber subordinar ao sentimento, à razão ou ao coração. O essencial é contê-la, não é prescindir dela, pois ela é uma potência da alma, que deve desempenhar sua devida função. Essa função mediana da imaginação fora posta em evidência por Giovanni Pico della Mirandola, em seu *De imaginatione* (1501), cuja tradução francesa de Jean-Antoine de Baïf (1557) conheceu certa fortuna. Inspirando-se em Cornélio Agripa, Montaigne (*Ensaios* I, 21) vai ainda mais longe, já que lhe reconhece um poder de "encantamento", tal como também fizera Pietro Pomponazzi em seu *De incantationibus* (1554). Nesse sentido, a imaginação responde pela saúde e pela doença, pelo bem-estar, caberia dizer, e pelo mal-estar: "ela faz acreditar, duvidar, negar a razão; ela suspende os sentidos e os faz sentir" (44). Temos aí a imaginação dominando a natureza profunda do homem, da qual seria a expressão.

*** Chega-se aí à origem. A observação da imaginação dará lugar ao diagnóstico: acaso não carrega ela os estigmas da falta de Adão, afetada por um defeito de natureza ou, mais exatamente, testemunha da perda de uma natureza originária em prol de uma natureza substituta, essa "natureza segunda", da qual ela seria, justamente, o órgão preponderante? Confiam-se-lhe todas as avaliações, as dos bens da fortuna, mas também das pessoas; por meio dela, julga-se a si próprio, ao bem supremo e, portanto, a Deus. Assim, "os homens muitas vezes tomam a imaginação pelo coração" (975). Ora, se o coração é o sentido do real, isso significa que doravante nos consolaremos com a ilusão. O tormento da imaginação é precisamente ter de ocupar lugar de coração num homem que dele carece, ainda que não esteja totalmente desprovido de um; a dissonância é inevitável. A imaginação geralmente prevalece, prova disso é a "estimativa fantástica" que "aumenta os pequenos objetos até que com eles encha a nossa alma" e "por uma insolência temerária... diminui os grandes até à sua medida" (551). Haverá faculdade mais propícia a nos enganar sobre nós mesmos?

Infinito

Fr.: *Infini*

* A palavra aparece aqui em sua ambivalência para designar, por um lado, o inacabamento do que é não terminado, a abertura do que é ilimitado, o vazio do que não pode ser preenchido, em suma, o *apeiron* de Aristóteles, e, por outro, a perfeição e a plenitude do que é poderoso a ponto de não conhecer nenhuma limitação em sua atualização. Essas duas acepções, que se acredita trabalharem em alternância, na verdade funcionam em sinergia, desde que Nicolau de Cusa, retomando a figura da esfera infinita cujo centro está em toda parte e cuja circunferência não está em nenhum lugar, a aplica tanto ao universo quanto a Deus, para fazer do universo precisamente a expressão da onipotência do criador: "a maior característica sensível da onipotência de Deus", escreve Pascal (199), que conhecia essa figura pelo prefácio da Senhorita de Gournay para os *Ensaios* de Montaigne. Deve-se notar, contudo, que em Pascal a figura em questão não se aplica a Deus, mas apenas à natureza interpretada como uma teofania. Ora, se o infinito é entendido simplesmente no sentido cósmico, pode ser figurativo de Deus sem por isso ser um atributo divino.

** É uma questão importante. Descartes não fez do infinito um atributo divino, fundando sobre isso sua abordagem de Deus? Segundo ele, o universo seria tão somente indefinido, isto é, ilimitado, dando prova de um infinito potencial e não atual. É uma distinção que se impõe para quem quiser se precaver da assimilação em curso em Giordano Bruno, cujo atualismo leva a divinizar a natureza e a naturalizar Deus. A distinção sem dúvida não está totalmente apagada: o infinito divino é intensivo, o infinito mundano, extensivo. Ao Deus todo infinito opõe-se um universo em expansão constituído de uma infinidade de mundos finitos. Assim, o universo participa da perfeição divina partitivamente, ou seja, de maneira infinitamente dispersa, de modo que ele constitui um "imenso simulacro corporal da divindade".

*** Melhor matemático que Descartes, Pascal concebe as ordens da infinitude; antecipando Cantor, adivinha suas sucessivas potências. O infinito pode ser um símbolo para o teólogo, não pode constituir um nome de Deus. O único fragmento que poderia negar nossa leitura é uma retomada da prova *a posteriori* da *Meditação II* (167), que consideramos dever transcrever no debate sobre o "eu". Em todos os outros lugares, a ciência de um universo infinito arrasta o homem em sua vertigem (199), que só um objeto infinito poderá preencher. "Que nos brada pois essa avidez e essa impotência senão que houve outrora no homem uma felicidade verdadeira, da qual só lhe resta agora a marca e o vestígio totalmente vazio que ele inutilmente tenta preencher, porque esse abismo infinito não pode ser preenchido senão por um objeto infinito e imutável, isto é, por Deus mesmo" (148). Em outra parte, o infinito não é considerado senão metaforicamente a partir da simbólica matemática (419). Não tentemos mais procurar Deus no infinito cósmico; tampouco pretendamos encontrá-lo nos espaços e tempos que, postos ponta a ponta, fazem "uma espécie de infinito e de eterno. Não que haja nada de tudo isso que seja infinito ou eterno, mas esses seres terminados se multiplicam infinitamente. Assim não há, parece-me, senão o número, que os multiplica, que seja infinito" (663). Pode-se imaginar desmistificação mais franca?

Lei

Fr.: *Loi*

* Sobre a proibição de atentar contra a vida humana, Pascal diz na XIV *Provincial*: "o mandamento foi imposto aos homens em todos os tempos; o Evangelho confirmou o da lei e o decálogo apenas renovou aquele que os homens tinham recebido de Deus antes da lei na pessoa de Noé, de quem todos os homens nasceriam" (Laf. p. 435 A). A lei evangélica, dita "lei nova", não destrói a lei mosaica, dita antiga, ela a realiza. A própria lei antiga nada mais faz senão reativar a lei natural, inscrita no coração do pai de nossa raça, o patriarca salvo das águas do dilúvio. Poupado da cólera de Deus, Noé figura essa aliança natural que antecipa a aliança mosaica e prefigura a nova aliança em Jesus Cristo. Nada que não seja conforme à letra e ao espírito de Tomás de Aquino, que na *Suma Teológica* Ia IIae, q. 91 escreve: "É a participação na lei eterna que, na criação racional, é chamada lei natural."

** A deriva semântica da noção de natureza nos séculos XVI e XVII, sob o duplo impacto do voluntarismo de Ockham e de um agostinismo disposto a aumentar o papel do pecado e da graça, impõe algumas correções. Se o pecado suprime o originário a ponto de proibir que se possa a ele retornar, como empregar devidamente a noção de natureza, tradicionalmente definida pela congruência entre o começo e o fim? Ora, era precisamente essa a relação que estabelecia a noção de lei natural. No entanto, aquele que sair em busca de "leis naturais comuns a todos os países" não encontrará "uma que seja universal" (60). Citando Montaigne, *Ensaios* II, 12, Pascal confessa: "essa bela razão corrompida tudo corrompeu" e constata que não há nenhuma transgressão à ordem natural que não tenha sido, em alguma região, incluída "entre as ações virtuosas" (*ibid.*). "A incerteza de nossa origem encerra a de nossa natureza" (131). Suprimida pelo pecado, como que por uma barra de bastardia, a natureza já não é o brasão de que a linhagem inteira poderia se prevalecer: "Muito honram a natureza aqueles que lhe ensinam que ela pode falar de tudo" (675).

*** A "temeridade do acaso" e o "capricho dos homens" diversificaram a tal ponto as leis que se chega a duvidar do direito: "*Veri juris*. Não o temos mais. Se tivéssemos, não tomaríamos como regra de justiça seguir os costumes do país" (86). Não há outro direito senão o positivo; é o uso que decide: "O costume é toda a equidade, pela simples razão de que é aceito" (60). Mais vale, então, "ocultar a origem" desse direito, já que é o uso que, com o tempo, acaba lhe dando crédito: "é o fundamento místico de sua autoridade. Quem reduzir (a lei) a seu princípio a aniquilará" (*ibid.*). Sondá-la até sua fonte é desrespeitar e perturbar o Estado: a lei "foi introduzida outrora sem razão, ela se tornou razoável" (*ibid.*). É preciso conservá-la como tal, pois só é lei devido ao fato de ser aceita e não porque seria justa: "É necessário obedecer (as leis) porque são leis" (66). Montaigne já desenvolvia essa argumentação, notando que o grande rio não queria conhecer o pequeno veio d'água de que saiu.

Letra
Fr.: *Lettre*

* Designa o sentido literal, estrito, estreito de um texto. Ater-se à letra de uma diretiva é recusar-se a interpretá-la, a moldá-la à oportunidade, a adaptá-la a novas circunstâncias, é encerrar-se no rigor da observância, petrificar-se no caráter repetitivo de um hábito. "Madeira morta é madeira habituada" dirá Péguy, que tinha lido Pascal. "A letra mata", escreve Pascal, que tinha lido são Paulo (II *Cor.* III, 6). "O espírito dá a vida", acrescentava o apóstolo, e Pascal retoma o jogo dos antônimos: "É preciso que o povo entenda o espírito da letra e que os hábeis submetam o seu espírito à letra" (219). Quando se conhece tão somente a letra, ela torna a vida impossível; quando é ignorada, a vida, por falta de disciplina, se enfraquece e amolece. A religião não pode ser "perfeita sem as duas coisas" (*ibid.*).

** Se a defesa do espírito contra a letra situava-se em são Paulo no plano da vida moral, com a preocupação de fazer prevalecer sobre a lei antiga apenas o preceito da caridade, em Pascal ela se situa no plano da interpretação das Escrituras, na distinção entre sentido literal e sentido espiritual. A questão continua por certo sendo a mesma, só o discernimento da caridade sendo capaz de transpor a barreira da letra para conhecer em espírito. A letra está na escala das paixões humanas. Somente um olhar purificado, quando o coração é "circunciso" (270), pode ultrapassá-la, visando através dela o que ela só dá em "figura" (268). Ater-se à letra equivale, portanto, a recusar os dois sentidos das Escrituras (274), a não abrir o Antigo Testamento pelo Novo (*ibid.*), a envelhecer como os judeus em "pensamentos terrestres" (270) e envelhecer como o mundo em "erros carnais" (*ibid.*). "Gostaram tanto das coisas figurantes e as esperaram tanto que não reconheceram a realidade quando esta veio no tempo e no modo predito" (*ibid.*). A "curiosidade" prevaleceu sobre a caridade, ora "tudo o que não aponta para a caridade é figura" (*ibid.*).

*** A letra não é apenas o limiar no qual tropeçam os "carnais", que Pascal também chama de os "judaicos" para designar aqueles que hoje perpetuam, por falta de amor, a cegueira dos antigos; é também o espaço lógico em que se dispõe, sobre o suporte proposicional, o texto bíblico. É, portanto, o que torna manifestas as "contrariedades" (260); ora, são essas contrariedades que nos impõem buscar o sentido oculto capaz de eliminá-las; trata-se do sentido espiritual: "Para entender o sentido de um autor, é preciso fazer concordar todas as passagens contrárias. Assim, para entender as Escrituras é preciso ter um sentido em que todas as passagens contrárias concordem" (257). Além do critério – a caridade –, dispõe-se, pois, do método reto: os judeus carnais se enganaram em seu messianismo temporal; houve, graças aos céus, homens espirituais – os patriarcas e os profetas – para "ver" o verdadeiro Messias e para "com isso se alegrar", Jesus Cristo em quem "todas as contradições ficam concordes" (*ibid.*). Não cabe indignar-se com a maneira como o Messias apareceu, isso pertence à pedagogia divina: "Deus, para tornar o Messias reconhecível aos bons e irreconhecível aos maus, fê-lo predizer dessa maneira" (255).

Milagre

Fr.: *Miracle*

* "Chama-se milagre", escreve Tomás de Aquino citando Agostinho, "uma coisa árdua e insólita que ultrapassa a potência da natureza e a expectativa daquele que é sua testemunha espantada", e esclarece: "árdua porque ultrapassa o poder da natureza... insólita porque é produzida fora do curso natural das coisas; ultrapassa a potência da natureza não só devido à própria substância do fato realizado, mas por causa da maneira como ele é produzido e da ordem de sua realização" (Ia, q.

105, art. 7). A definição é aceita tanto pelos libertinos quanto pelos crentes, ao passo que o racionalismo conquistador dissipa os encantamentos e prodígios do Renascimento. Pomponazzi, Cardano, Vanini, Naudé, Patin passaram por aí; e quando, em 24 de março de 1656, ocorrer a extraordinária cura de Marguerite Périer, extrema será a prudência de Port-Royal no reconhecimento do fato por um lado, na interpretação, por outro lado, de um prodígio em que se ficaria tentado a ver um sinal de Deus em prol da abadia alvo da perseguição das autoridades civis e religiosas. Que o fato "ultrapasse a potência da natureza" certamente distingue o milagre, sem no entanto permitir investi-lo de um sentido determinado: favor divino para os partidários de Jansênio ou chamamento à conversão?

** Na primavera de 1656, Pascal, envolvido na polêmica das *Provinciais*, fica fora da polêmica em torno do milagre do Santo Espinho. Contudo, será possível para o crente que Deus "mantenha um profundo silêncio" quando os justos são perseguidos por sua fé? Quando "a verdade já não tem liberdade para aparecer" e "os homens já não falam da verdade", "a própria verdade deve falar aos homens" (865). Pascal interroga Barcos, que lhe submete os textos de Tomás de Aquino, cuja definição do milagre (830, 891) ele retomará. Pensa por algum tempo numa "provincial" sobre os milagres, acumula notas, a ponto de os primeiros editores dos *Pensamentos* intitularem uma seção de "Milagres". No entanto, para fazer do milagre um argumento apologético, ele teria de poder decidir sobre a doutrina, e Pascal propõe esta regra: "Deve-se julgar a doutrina pelos milagres, deve-se julgar os milagres pela doutrina" (840). Um sinal nunca é claro em si mesmo: os judeus não foram convencidos pelos milagres de Cristo; o Pe. de Lingendes não foi convencido pela cura de Marguerite. A única questão que se coloca é a da origem dessa misteriosa cegueira. A *Apologia* nascerá desta colocação mais justa da questão: o verdadeiro enigma é o da cegueira humana ante os milagres.

*** Ana, Caifás, Flávio Josefo, o próprio Maomé reconheceram em Jesus um fazedor de milagres e não acreditaram. Serão os milagres que fazem os cristãos crer? – "Aqueles que, fazendo profissão de segui-lo (Jesus Cristo) por seus milagres não o seguem, na verdade, senão porque ele os consola e os cumula de bens deste mundo... desonram os seus milagres quando eles são contrários a suas comodidades" (855). Este já tinha sido o caso daqueles que, na condição de carnais, seguiam Moisés por seus milagres, sem discernir seu valor figurativo e seu alcance espiritual. Portanto, o milagre não tem, por si só, valor de prova; para chegar a tê-lo, seria preciso conjugar "milagre, profecia, doutrina, perpetuidade" (892). Dessa forma se poderia escapar do tempo e da figura e se teria um "milagre subsistente": "Uma vez esquecidos os milagres da criação e do dilúvio, Deus enviou a lei e os milagres de Moisés, os profetas... E para preparar um milagre subsistente, ele prepara profecias e a realização delas" (594). "As profecias são os únicos milagres subsistentes que se pode fazer" (593). O milagre mais impressionante não é essa própria subsistência que, dos patriarcas e dos profetas, leva à realização em Jesus Cristo de tudo o que fora anunciado em figura? Entende-se por que as profecias são a maior prova de Jesus Cristo: "o acontecimento que as cumpriu é um milagre subsistente desde o nascimento da Igreja até o fim" (335).

Miséria

Fr.: *Misère*

* É conhecido o *Discurso das misérias deste tempo*, em que Ronsard deplora os malefícios das guerras de religião: ódio, intolerância, injustiça, violências que vão até o assassinato das pessoas e a destruição dos bens. No século XVI, a palavra "miséria", em seu uso corrente, remete a esse tormento de cujas dolorosas sequelas ainda se sofre no século XVII. A dimensão espiritual da provação é geralmente sublinhada: a Providência divina permitiu essas misérias para a expiação dos pecados dos homens. Miséria traduz castigo. Em Pascal, a coisa aparece em contraponto com o "desejo de ser feliz". Como conciliar ambos? – "Não tendo os homens podido curar a morte, a miséria, a ignorância, resolveram, para ficar felizes, não mais pensar nisso" (133). A miséria, assim como a ignorância e a morte, está ligada à condição humana; portanto, não é um daqueles males que se possa conjurar mediante alguma medida temporal. Quem, aliás, melhor falou disso, por melhor tê-la conhecido? – "Salomão e Jó... um o mais feliz e o outro o mais infeliz, um conhecendo a vanidade dos prazeres por experiência, o outro, a realidade dos males" (403). Esse encontro do maior dos reis com o mais desafortunado dos homens leva a conjugar miséria e grandeza; há alguma grandeza em se sentir miserável (123): as misérias do próprio Jó são "misérias de grande senhor, misérias de um rei despossuído" (116). Conclui-se a miséria da grandeza e a grandeza da miséria (122).

** O binômio miséria-grandeza vem de longe, já que é elaborado desde a Idade Média. Desde o final do século XII, disserta-se sobre a "miséria da condição do homem", que é contraposta à "dignidade da natureza humana" (Lotário, futuro Inocêncio III). Essa terminologia será encontrada em Pascal. O que é indigno é a condição dada ao homem pelo seu pecado, o que é digno é sua natureza. O Renascimento operará com a distinção *dignitas/indignitas* (Manetti, Pico della Mirandola, Bovelles, Pogge, Boaistuau), cujo emprego mais fecundo será encontrado em Montaigne: o homem já não busca sua dignidade na sua elevação social nem nos favores da fortuna, ele é digno em sua indignidade, digno porque indigno, grande pela consciência que tem de sua miséria. Miséria é grandeza em negativo.

*** Bovelles e Montaigne se contentavam em constatar essa transformação do mal em bem e do bem em mal. Segundo eles, a dignidade não está no topo da escala, mas na capacidade de manter, com igual desapego, todos os seus degraus. Sua posição era ética, a de Pascal será teológica. Se miséria é grandeza em negativo, o argumento serve menos para reabilitar a indignidade do que para dar uma interpretação dessa ambivalência: como poderia o homem ser grande e miserável na mesma medida? A teologia nos explica com o dogma do pecado original; esse dogma incompreensível torna-se a chave do enigma: "perdida a verdadeira natureza (do homem), tudo passa a ser sua natureza" (397), queda que destina esse infeliz a todas as metamorfoses do bestiário; a serena *Apologia de Raymond de Sebond* pende, em Pascal, para o teratológico: "O que é natureza nos animais, chamamos miséria no homem. Por aí reconhecemos que, sendo sua natureza hoje semelhante à dos animais, ele está decaído de uma natureza melhor que lhe era própria anteriormente" (117). Tal miséria pode assustar muito quem dela se informa (198). Na verdade, "o conhecimento da miséria sem o conhecimento de Deus faz o desespero" (192).

Nada
Fr.: *Néant*

* A palavra *néant* [nada] vem ocupar o lugar da palavra *rien* [nada] sob a pena de Pascal. Contudo, *néant* não traduz *nihil*; etimologicamente falando, é *ne-gens* (e não *neg-ens*), de nenhuma família, de nenhuma nação; donde "é um homem nulo" [*c'est un homme de néant*] (*Lógica de Port-Royal*), um homem sem mérito nem educação. Montesquieu dirá "pessoas nulas" [*gens de néant*], para designar pessoas sem nascimento. "Nada" [*néant*] é, por um lado, mais negativo que *rien*, por outro, empregado para designar um defeito de nascença, uma origem indeterminada. Donde seu uso teológico para traduzir o *ex nihilo* que qualifica a criação: "Todas as coisas saíram do nada", diz Pascal (199) para traduzir o mistério da origem e o "desespero eterno" que o homem tem de conhecer o princípio das coisas. Ora, o que sai do nada ao nada retorna. A palavra passa, então, a ser utilizada para traduzir a inconsistência do homem, sua precariedade, sua vanidade. Porque seu pensamento, tão logo nasce, lhe escapa, isso o faz "conhecer (seu) nada" (656). O fato de querer viver na ideia que os outros têm de uma vida imaginária é uma "grande marca do nada de (seu) próprio ser" (674).

** São usos que muito devem a Montaigne, cujo registro niquilista é rico, acusando a "niilidade", até a "nulidade" [*dénéantise*] de nossa condição. Nele, a palavra *néant* já convive com a palavra *rien*: "Barro e cinza, que tens para te vangloriares?... Deus fez o homem semelhante à sombra... Em verdade nada [*rien*] somos" (*Ensaios* II, 12). Moldado com o lodo da terra, a precária realidade do homem depende apenas da onipotência do Criador. Montaigne adere aqui à corrente mística que, dos reno-flamengos (Mestre Eckhart) até Bérulle, faz do nada o índice de nossa relação com Deus. Criado *ex nihilo in nihilo*, o homem é um nada em comparação com Deus, mas o próprio Deus, absolutamente fora de alcance, é como um nada para o homem. Portanto, "nada" conota indiferentemente o antes de que tudo procede, o agente pelo qual isso procede, a razão dessa processão, e é por isso que o criado é, como tal, em si mesmo inconsistente e por si próprio injustificado. A inspiração mística também será encontrada em Teresa d'Ávila e em João da Cruz, que, por intermédio do Carmelo, serão conhecidos em Port-Royal. Mais decisiva será a influência da distinção dos três nadas segundo Bérulle, o nada do criado, o nada do pecado e o nada da abnegação, mediante o qual o penitente de certa forma cava o seu vazio, "abrindo um lugar claro para Deus", este último nada tornando-se capacidade de Deus.

*** O "nada" pascaliano tem algo de todas essas acepções. Confunde-se, contudo, com um tópico próprio do autor dos *Pensamentos*, o do tédio, entendido no sentido forte de ausência de qualquer justificativa para existir. É a síndrome do vazio, cuja noção é transposta da física dos corpos para a da alma: "Tirai dos homens a diversão, vós os vereis secar de tédio; passam então a sentir o seu nada sem o conhecer" (36). Esse nada, que se sente, provém de uma experiência vivida; é o da vanidade de nossas férias, da inanidade de nossas opiniões, da vacuidade de nossas concepções; torna-se a principal categoria de uma antropologia teológica, e inspira esta alternativa como preliminar da *Apologia*: "Como não sei de onde venho, também não sei para onde vou; só sei que, ao sair deste mundo, caio para sempre no nada, ou nas mãos de um Deus irritado, sem saber qual dessas duas condições deve ser eternamente o meu quinhão" (427).

Nada

Fr.: *Rien*

* Conjugada por Pascal com a palavra "infinito", a palavra *rien* revela uma indeterminação similar. O infinito não é nem par nem ímpar (418); o nada é igualmente indeterminado. Parece traduzir, como o infinito, um limite para o pensamento, tanto para a intelecção como para a percepção. Não se abraça o infinito, não é possível apreender o nada. Como o infinito, o nada traduz a impotência do homem; portanto, é relativo a ele. Não tenho o espírito bastante fino nem a visão bastante aguçada para apreender o nada, pois o nada [*rien*] não é o nada [*néant*], indício, antes, de uma presença de ausência, de algo que se furta, que eu não consigo pegar. *Rien* traduz o latim *nihil*, etimologicamente *ne-hilum*, que quer dizer "menos que o germe da ervilha", nem mesmo o folhelho do trigo. O nada [*rien*] é o ínfimo, quantidade negligenciável em vez de quantidade nula, grandeza evanescente. Para o matemático, é a cifra da desproporção: "A unidade acrescida ao infinito não o aumenta em nada" (*ibid.*). Ele entra em jogo na comparação dos "incomparáveis": "Os pontos nada acrescentam às linhas, as linhas às superfícies, as superfícies aos volumes" (Laf. 94 B). Ele traduz uma ausência de *ratio*: o finito se anula em presença do infinito. Passando para o plano da antropologia, Pascal faz do homem "um meio entre nada e tudo" (199), traduzindo assim sua incomensurabilidade aos extremos.

** O "nada" [*rien*] é objeto de toda uma literatura barroca no início do século XVII. Entre os rétores (Jean Passerat, Philippes Girard) assim como entre os poetas preciosos (Jean de Lacépède, Claude Hopil), o elogio do nada tornou-se um exercício de escola: só há ciência do nada, não há finalidade do agir senão o nada, não há objeto de nossas adorações senão um nada, esse nada não sendo de modo algum inconsistente, derrisório ou irreal, ele apenas indica a ausência de apreensão que possamos ter do verdadeiro, do bem ou de Deus. "Ao não ver absolutamente nada, vejo meu salvador", canta Cl. Hopil. Ver o nada não é não ver, é ver que não se vê Deus; é constatar que o olhar que quer olhar o sol diretamente é afetado de cegueira.

*** Pascal é barroco quando pode. O "meio entre o nada e o tudo" não é um meio de mediania que situa, garante e proporciona, mas um meio de fluidez, que arrebata toda determinação e foge ao infinito: "Nada pode fixar o finito entre os dois infinitos que o encerram e fogem dele" (199). O movimento ao infinito faz de nosso mundo um "nada" em comparação com o universo, mas faz também um mundo com seu sol, sua lua e suas estrelas do que anteriormente não era para nós senão um "nada", mero verme, até mesmo grão de areia. Com a consideração do infinitamente pequeno, o "nada" se torna prenhe de um mundo. Então, "infinito nada" (418), sem dúvida um oximoro, que traduz a "desproporção do homem" (199).

Natureza

Fr.: *Nature*

* O grande século acreditou saber o que ela era, chegando até a fazer dela a norma do juízo teórico e prático. "Só a natureza é verdadeira e é sobretudo sentida", escreveu Boileau. O natural, que acreditamos ser de apreensão imediata, torna-se o critério das boas maneiras, da civilidade e até da sabedoria. As leis, já naturais, parecem traduzir uma ordem física, à qual ninguém pode se subtrair, nem a humanidade nem qualquer outra espécie, obrigada pelo que determina sua essência. Acreditava-se dispor de um quadro de vida extremamente seguro: "Natureza se imita... Tudo é feito e conduzido por um mesmo mestre" (698). Ora, mas não é que o homem parece escapar a essa normatividade? "A natureza do homem é totalmente natureza. *Omne animal*. Não há nada que a gente não torne natural. Não há natural que não se possa perder" (630). O homem se caracteriza por sua capacidade de se identificar a todo animal e, portanto, sua natureza é a de não ter nenhuma porque pode adotar todas, capacidade metamórfica que expressa uma estranha plasticidade.

** Montaigne já notara essa tentação dos homens de "colocar-se fora de si mesmos e escapar do homem", mas "em vez de se transformarem em anjos, transformam-se em animais; em vez de se erguerem, rebaixam-se" (*Ensaios* III, 13). A metamorfose traduzia em Giovanni Pico della Mirandola a aptidão do homem tanto para cair como para subir. Nessa plasticidade, Pascal vê, antes, um defeito: "O homem não é nem anjo nem animal e a infelicidade quer que quem quer se mostrar anjo se mostre animal" (678). Notando o temor dos pais de que "o amor natural dos filhos se apague", ele se pergunta: "Que natureza é essa então, sujeita a ser apagada?" (126).

*** É aqui que "natureza" recupera sua significação etimológica: o estado de natureza não é aquele de nosso nascimento? E somos remetidos à questão da origem. Cumpre tomar partido: a natureza do homem é infinitamente maleável: "A razão torna naturais os sentimentos e os sentimentos naturais se apagam pela razão" (646). Como, então, essa natureza não traduziria todas as vicissitudes da espécie humana? "Daqueles que a natureza fez apenas homens, fazem-se todas as condições dos homens" (634). A condição se desenvolve na falta da natureza; ocupa o seu lugar. O costume é o agente desse processo de substituição: "Que são os nossos princípios naturais senão os nossos princípios costumeiros?... Um costume diferente nos dará outros princípios naturais" (125). Há de se convir que "o costume é uma segunda natureza que destrói a primeira" (126). Montaigne já notava que "as leis da consciência, que dizemos nascerem naturalmente, nascem do hábito" (*Ensaios* I, 23). Pascal tenta dar disso uma interpretação teológica, imputando à ação deletéria do pecado essa plasticidade de uma natureza incapaz de manter uma forma própria e, portanto, submetida a todas as variações imagináveis: "Perdida a verdadeira natureza (do homem), tudo passa a ser sua natureza; como tendo perdido o verdadeiro bem, tudo passa a ser seu verdadeiro bem" (397). Já que nossa natureza originária, dita "natureza primeira", é incognoscível bem como impossível de encontrar, o que é, então, essa "natureza segunda", que hoje nos afeta? – "Temo muito", responde Pascal, "que essa mesma natureza não venha a ser senão um primeiro costume, como o costume é uma segunda natureza" (126).

Opinião

Fr.: *Opinion*

* A palavra designa um parecer, uma convicção ou uma crença, que só depende do assentimento ou da aquiescência de cada um, já que não pode produzir provas decisivas. A opinião é, portanto, diversa e cambiante; em certos períodos, chega a parecer caprichosa: "Nunca houve no mundo duas opiniões semelhantes", destaca Montaigne. Seu suave império a distingue da tirania da força (665), ela não impede o exercício da vontade. Se a "pluralidade" a assume, será para remover a "diversidade" (711), mas não é porque assim tem mais "força" que a opinião terá mais razão; as opiniões mais disseminadas nem por isso são as mais saudáveis. Pascal nota, não sem ceticismo: "A pluralidade é a melhor via porque ela é visível e tem a força de se fazer obedecer; entretanto, essa é a opinião dos menos hábeis" (85). A pluralidade nunca autoriza uma opinião; ela é uma força e só. Antes de seguir o povo porque ele é a pluralidade, é preciso saber qual a razão de dar algum valor de crédito à sua opinião.

** Quem dera poder se abandonar ao suave império da opinião, mas isso seria não ver a força responsável por sua tirania. "A força é a rainha do mundo e não a opinião" (554). A quem objetar que a opinião faz uso da força, responderemos que "é a força que faz a opinião" (*ibid.*), ou seja, que a opinião só é forte com o concurso da pluralidade e não por uma razão qualquer que a sustente. Ocorre com ela o mesmo que com a justiça: "Não podendo fazer com que o que é justo fosse forte, fez-se com que o que é forte fosse justo" (103). Não seria isso julgar o direito conforme o fato e erigir o consenso popular em juiz da verdade? O estado de fato parece dever prevalecer em toda parte: "Não podendo fazer com que fosse forçoso obedecer à justiça, fez-se com que fosse justo obedecer à força" (81). Crer nesse subterfúgio, contudo, não dura muito: "O império fundado na opinião" só reina "algum tempo" (665), só subsistindo a força, que é o "tirano". Que resta, então, da opinião?

*** "Opiniões do povo sadias", repete Pascal (94, 95), até mesmo "muito sadias" (101), pelo fato de que se pode agir e falar como ele e ao mesmo tempo julgar diferentemente dele: "Ainda que as opiniões do povo sejam sadias, elas não o são em sua cabeça... A verdade está realmente em suas opiniões, mas não no ponto onde imagina" (92). Deve-se agir como o povo, pois seria perigoso, temerário, orgulhoso também agir de outro modo, mas deve-se fazê-lo por um motivo que não é o do povo. É a "razão dos efeitos" que faz os "hábeis" e os "cristãos perfeitos" (90) não se distinguirem do povo em sua conduta, embora ajam com "segundas intenções" (91), que dá à sua adesão ao curso do mundo uma significação totalmente diferente. Afinal, "permanece sendo verdade que o povo é vão, ainda que suas opiniões sejam sadias, porque ele não sente a verdade onde ela está e porque, colocando-a onde ela não está, as suas opiniões são sempre muito falsas e malsãs" (93). A liberdade não está no comportamento, mas no juízo que dele se faça, apesar de a ele se entregar. Foi esse juízo elevado que fez destruir a opinião que destruía a opinião do povo, para alcançar a razão oculta de sua conduta, da qual ele não participa.

Ordem
Fr.: *Ordre*

* "A última coisa que se encontra ao fazer um livro é saber aquela que é preciso colocar primeiro" (976). A ordem da exposição não é a ordem da descoberta; a ordem das matérias não é a das razões. Caso se trate de um caminho iniciático, pode-se parar nesta última, mas caso se queira provar, é preciso dispor dos elementos conforme sua atuação, isto é, segundo sua ordem de eficácia. Nota-se que a ordem do discurso não é apenas uma questão de humor (532) ou de estratégia apologética (11-12), mas que ela depende de uma avaliação ontológica das realidades consideradas: "De todos os corpos juntos não se poderia conseguir um pensamentozinho... De todos os corpos e espíritos não se poderia tirar um movimento de verdadeira caridade" (308). A consideração do ordenamento do real e da qualidade do ordenador (o legislador, o príncipe ou Deus) pertence, portanto, a essa mesma categoria.

** Quando Tomás de Aquino faz uso da noção de ordem, situa-se indiscutivelmente na linhagem de Dionísio, que conjugava tradição e hierarquia. A autoridade era função de uma potência ordenada, passando, por devolução, do grau precedente ao grau subsequente. A própria tripartição aristotélica da alma é interpretada como uma incitação a voltar a efetuar, no modo ascendente, a processão dionisiana. A escala das dignidades não será questionada antes do Renascimento. Assiste-se, então, ao surgimento de novas gradações, como em Charles de Bovelles, que coloca o padre acima do rei e o filósofo acima do padre. Espantosa audácia do humanista que vê no serviço da inteligência o mais elevado posto clerical!

*** Tal subversão levanta a questão da autoridade: quem está autorizado a falar e a agir e em nome de quê? Intolerável é a "tirania" que "consiste no desejo de domínio universal e fora de sua ordem" (58). "Não se prova que se deve ser amado expondo por ordem as causas do amor; isso seria ridículo" (298). A força "nada faz no reino dos sábios" (58); a condição social não dá nenhuma precedência em matéria de bom gosto: Pascal fica feliz em reconhecer à sapientíssima Cristina da Suécia uma grandeza que ela devia mais às "luzes da ciência" do que ao "brilho de sua autoridade". Segundo um esquema ternário, já testado na seção "Razão dos efeitos", Pascal propõe uma gradação, doravante canônica, entre a carne, o espírito e a caridade. Não é uma disposição analógica; uma radical desproporção separa cada ordem, a superior compreende a inferior, sem que a inferior permita construir a superior. Há um modelo matemático que embasa tudo isso, o das potências numéricas que, por não serem "de mesmo gênero", não são adicionáveis entre si: "assim, os pontos nada acrescentam às linhas, as linhas às superfícies, as superfícies aos sólidos, ou – para falar em termos de números – as raízes não contam em relação aos quadrados, os quadrados em relação aos cubos, os cubos em relação aos elevados à quarta potência" (Laf. p. 94 B). Deve-se pensar nessa ordem até o infinito. A aplicação disso é imediata. "A distância infinita dos corpos aos espíritos figura a distância infinitamente mais infinita entre os espíritos e a caridade" (308). Esta é a pedra de toque da vida espiritual: fora da "ordem de Deus", há apenas idolatria; "não se deve adorar senão em sua ordem" (926).

Partido

Fr.: *Parti*

* Chama-se "partido" a justa repartição das paradas feitas entre os jogadores quando a partida é interrompida. Adepto dos jogos de azar, o cavaleiro de Méré pedira a Pascal um modo de repartição das somas colocadas em função dos pontos marcados pelos jogadores. Isso deu origem à *Regra dos partidos*, redigida por Pascal em 1654, verdadeira "geometria do acaso" que, além dos problemas de repartição das paradas, permitiria, numa partida em andamento, mostrar que, gradativamente, pode-se compor as possibilidades e decidir que partido tomar: "Para entender a regra dos partidos, a primeira coisa a considerar é que o dinheiro que os jogadores colocaram em jogo já não lhes pertence... mas, em compensação, receberam o direito de esperar o que o azar lhes pode dar." Podendo abandonar o jogo a qualquer momento, e "renunciar à espera do azar", eles podem, "cada qual, apoderar-se de algo". O acerto do que lhes cabe "deve ser tão proporcional ao que eles tinham direito de esperar da fortuna que cada um deles considera totalmente indiferente pegar o que lhe é atribuído ou continuar a aventura do jogo: e essa distribuição se chama o partido" (*3º uso do triângulo aritmético*)!

** Afora o jogo, a vida nos coloca todos os dias em situação de incerteza. A "regra dos partidos" encontra, então, uma extensão insuspeitada. Quantas coisas não se fazem pelo incerto: as viagens por mar, as batalhas (577). A "regra dos partidos" demonstra que se deve trabalhar pelo amanhã e pelo incerto e que, assim fazendo, age-se com razão. Avancemos mais um passo: é a vida como um todo que, fadada ao acaso, depende dessa geometria do acaso. Ora, quais são os partidos? Pascal mostra seu jogo, não sem brutalidade. "É preciso viver diferentemente no mundo, segundo estas diversas suposições: se se pudesse estar sempre nele, se é certo que não se estará nele por muito tempo e incerto que se estará ainda nele por uma hora. Esta última suposição é a nossa" (154).

*** O que agora está em jogo é o próprio destino humano. Cada um joga, cara ou coroa, a sua eternidade e tem "a necessidade de jogar". Cada um gostaria de não ter de apostar, mas é preciso fazê-lo. "É inevitável, estais embarcados nessa" (418). O famoso argumento da "aposta" procede dessa lógica imbatível. "Para os partidos, deveis entregar-vos ao trabalho de procurar a verdade, pois, se morrerdes sem adorar o verdadeiro princípio, estareis perdido" (158). As condições do jogo se esclarecem: "Entre nós e o inferno ou o céu não há senão o entremeio da vida" (152), mas a vida, o que isso quer dizer? "Que me prometeis afinal – pois dez anos é o partido – senão dez anos de amor-próprio, tentando agradar sem resultado, além das inevitáveis agruras?" (153). Uma expectativa de vida de dez anos! A parada diminui: o que são dez anos em comparação com a eternidade: "Se se deve dar oito dias da vida, deve-se dar cem anos" (159); é contra a natureza, portanto, contrário à razão que um "homem num calabouço, sem saber se a sua sentença foi pronunciada, não tendo mais do que uma hora para procurar ficar sabendo... e para fazê-la revogar... use essa hora... para jogar baralho" (163). "Isso elimina qualquer partido... não há por que balançar" (418). Quando a parada feita é infinita em relação à esperança do ganho, não é sensato hesitar. Num jogo em que há o infinito a ganhar e um número finito de possibilidades de perder, como não jogar? É preciso tomar partido, e Pascal deixa seu leitor com esta reflexão: "Seja qual for o partido que tome, eu nunca o deixarei descansar" (449).

Perpetuidade

Fr.: *Perpétuité*

* A palavra pareceria não conter nada que não fosse banal, designando a perenidade do mundo, das espécies naturais ou da família humana, se Pascal não lhe tivesse dado um novo alcance, fazendo da perpetuidade um argumento decisivo da *Apologia*. A perpetuidade da religião cristã é o milagre de sua "subsistência", o fato de ela sempre ter sido, sendo esta uma de suas provas mais fortes. Pascal a cita no título das doze provas que ele se propõe a desenvolver: nenhuma outra religião tem a perpetuidade (482). Ter-lhe-ia dedicado um capítulo, cujo título já destaca (178). É desde já um critério: "As três marcas da religião: a perpetuidade, a boa vida, os milagres" (894).

** A palavra aparece em Pascal pela primeira vez nas notas sobre os milagres, para confundir Escobar (866) e Molina (871) e para privilegiar a santa doutrina: "O verdadeiro sempre prevalece em milagres" (856). "Sempre ou os homens falaram do verdadeiro Deus, ou o verdadeiro Deus falou aos homens" (860). A verdade não pode dar lugar à flutuação; ela é desde sempre ou não é; ela é de toda a eternidade. É preciso que Cristo tenha sempre sido e que sempre seja: tal é "o reino eterno da raça de Davi", mesmo se ele "não se cumpriu temporalmente" (348). Como explicar essa continuidade? Acomodação ou milagre?, indaga Pascal. – "Os estados pereceriam se muitas vezes não se fizessem leis cederem à necessidade, mas jamais a religião sofreu nem usou desse recurso... Não é estranho que se conserve fazendo ceder, e não é propriamente se manter... Não houve nenhum que tivesse durado 1000 anos. Mas que essa religião se tenha mantido, e se tenha mantido inflexível, isso é divino" (280). É esse o "milagre subsistente" (335).

*** A solução pascaliana consiste em ver no Antigo Testamento a antecipação em figuras do Novo Testamento: "Essa religião que consiste em acreditar que o homem decaiu de um estado de glória e de comunicação com Deus... mas que, após esta vida, seremos reabilitados por um Messias que devia vir, sempre esteve sobre a terra" (281). Assim, "sempre se acreditou no Messias" (282), Abraão, Isaac, Jacó viram a sua luz e se alegraram; são as próprias Escrituras que o dizem; os judeus tiveram seus espirituais, assim como os modernos tiveram seus carnais; o corte não se dá entre o antigo e o novo, mas entre os que veem com os olhos do coração e os que não querem ver. Se os cristãos grosseiros são "os judeus da lei nova", patriarcas e profetas foram "os cristãos da lei antiga" (286). Portanto, é realmente o critério de "perpetuidade" que leva a distinguir "duas espécies de homem em cada religião" (366). De resto, "os verdadeiros judeus e os verdadeiros cristãos não têm senão uma mesma religião" (453).

Profecia

Fr.: *Prophétie*

* Muito apreciadas entre os teólogos do Renascimento, as profecias bíblicas costumavam ser a inspiração de Jerônimo Savonarola, bem como, mais tarde, de Martinho Lutero e de seu discípulo Philipp Melanchton (Comentário do *Livro de Daniel*), para fazer uma interpretação da história mais contemporânea, extrapolando em direção ao futuro. No século XVII, já não se ousa profetizar para além da profecia, e esta é devidamente reduzida a seu papel de anúncio do advento de Cristo. Os apologistas não podiam ignorar seus recursos, fazendo coincidir os dois lados do díptico, Antigo e Novo Testamento; nesse sentido, Yves de Paris, Nicolas Caussin, Marin Mersenne e Denys Petau trabalham a partir dessa concordância tomada ao pé da letra, de maneira quase matemática.

** Desejoso de fazer das profecias a prova por excelência de sua *Apologia* (326), Pascal inova em sua abordagem e em sua interpretação: convém distinguir as verdadeiras das falsas, levar em conta a exegese rabínica, fazer justiça à fábula de Esdras, corrigir a Vulgata pela poliglota de Vatable, trabalho de historiador acrescido de um trabalho de exegeta, distinguindo, com Grócio e Jean Boucher, o sentido literal do sentido espiritual. Portanto, Pascal irá se empenhar em "mostrar que o Antigo Testamento não é senão figurativo e que os profetas entendiam pelos bens temporais outros bens" (501). Assim, a formulação será digna de Deus, concorde com o caráter enigmático da palavra profética que só se mostra com meias palavras, conforme com a exigência de não contradição. Esse modo de ver está relacionado com o desígnio do Deus que se oculta: como a natureza, como a história, as Sagradas Escrituras desaparecem sob um véu; um segredo se dissimula sob a letra, assim como convém a essa "vinda de suavidade" daquele que quis "mostrar-se abertamente aos que o buscam de todo coração e velar-se aos que fogem dele de todo coração... Há bastante luz para aqueles que não desejam senão ver e bastante obscuridade para aqueles que têm uma disposição contrária" (149).

*** Nessa abordagem de um Deus que só se revela àqueles que o buscam e que dá a estes a vontade de buscá-lo, as profecias são "a maior das provas de Jesus Cristo" (335). Essa prova é o cuidado que Deus teve de provê-las:"Deus suscitou profetas no decorrer de 1600 anos e depois, durante 400 anos, ele dispersou todas essas profecias com todos os judeus que as levavam para todos os lugares do mundo" (*ibid.*). Esses profetas "predisseram o tempo e o modo" e "Jesus Cristo veio da maneira e no tempo preditos" (456). O fato de que um único homem tivesse podido fazer as predições "quanto ao tempo e quanto ao modo" e que Jesus Cristo tivesse vindo conformemente a essas profecias, isso já seria de uma "força infinita". Mas, acrescenta Pascal, "há muito mais do que isso. É uma série de homens que, durante quatro mil anos, constantemente e sem variações vêm predizendo, um após o outro, esse mesmo advento. É um povo inteiro que o anuncia e que subsiste há 4000 anos para dar corporalmente testemunho das garantias que tem, e que não se desvia, sejam quais forem as ameaças e perseguições que se lhes façam. Isso é muito mais considerável" (332). Essa imensa multidão de testemunhas certamente desinteressadas, esse acúmulo esmagador de testemunhos confere à prova uma força infinita.

Prova

Fr.: *Preuve*

* No século dos apologistas, se há uma palavra que se impõe é a palavra "prova". Basta pensar na apologética pela natureza que, de Raymond de Sebond (*Theologia naturalis*) até Pierre Charron (*Das três verdades*) e Jean Silhon (*Da imortalidade da alma*), tenta pôr a razão a serviço da fé. Não se trata, contudo, de uma faca de dois gumes que se volta contra o que ela quis defender? O deísmo, essa religião natural sem revelação nem dogma, é o fruto amargo de um projeto que se supunha ser mais gratificante. Contudo, fazia tempo que se queria ver nele uma etapa na direção do verdadeiro Deus, um primeiro estrato na construção de uma doutrina saudável. Pascal será o primeiro a discernir seu caráter ilusório, declarando-o "quase tão distante da religião cristã quanto o ateísmo" (449).

** Não se prova Deus "pelas obras da natureza" nem "pelo curso da lua e dos planetas", pois isso seria "dar a ocasião de pensar que as provas da nossa religião são bem fracas" (781). "Jamais autor canônico se serviu da natureza para provar Deus" (463). Por um lado, as razões que dela se tiram são "frágeis argumentos" (820), por outro lado, essas provas são "metafísicas" (190), ou seja, alheias às preocupações diárias dos homens e inúteis para a salvação: "Todos aqueles que buscam a Deus fora de Jesus Cristo e que param na natureza, ou não encontram luz alguma que os satisfaça, ou conseguem formar para si um meio de conhecer a Deus e de servi-lo sem mediador, e por essa via caem ou no ateísmo ou no deísmo" (449). Pascal tira disso esta lição: "Não empreenderei aqui por razões naturais, nem a existência de Deus, nem a Trindade, nem a imortalidade da alma... porque esse conhecimento, sem Jesus Cristo, é inútil e estéril" (*ibid.*).

*** A fragilidade de uma demonstração racional da existência de Deus, longe de ser uma objeção, torna-se então um argumento a favor do pecado original, tão insuportável para a razão: "Deus é um Deus oculto" que "desde a corrupção da natureza" deixou os homens "numa cegueira da qual não podem sair senão por Jesus Cristo, fora de quem toda comunicação com Deus é retirada" (781). Não fiquemos surpresos com que o céu e os pássaros não provem Deus, "pois ainda que isso seja verdade em certo sentido para algumas almas a quem Deus deu essa luz, é entretanto falso para a maioria" (3).

As provas, portanto, é nas Escrituras que convém buscá-las: "provas pelas próprias Escrituras, pelos rabinos, pela cabala, pela interpretação mística dos rabinos, pelo seu princípio de que há dois sentidos, pela chave que Jesus Cristo e os apóstolos nos dão" (274). Ora, essas provas dependem essencialmente das profecias (326); os milagres podem melhorá-las, mas, se eles "discernem a doutrina", "a doutrina discerne os milagres" (832). A revelação recupera todos os seus direitos, mas isso não significa tornar a fé tributária do testemunho e da acolhida que lhe é dada? Isso faz parte da própria estratégia de Deus: "As profecias, os milagres e as provas de nossa religião não são de natureza tal que se possa dizer que sejam absolutamente convincentes... Há evidência e obscuridade para aclarar a uns e obscurecer a outros;... bastante evidência para condenar e não bastante para convencer, a fim de parecer que nos que a seguem é a graça e não a razão que a faz seguir, e que nos que fogem dela é a concupiscência e não a razão que faz fugir" (835). O que podia ser tido por fragilidade das provas torna-se, assim, o mais forte argumento; convém reconhecer a verdade da religião em sua própria obscuridade, "no pouco de luz que dela temos, na indiferença que temos em conhecê-la" (439). Essa obscuridade que humilha os eleitos e cega os réprobos está nos planos de Deus, que proporciona suficiente clareza para tornar estes últimos indesculpáveis: "Como (Cristo) veio *in sanctificationem et in scandalum*... não podemos convencer os infiéis, e eles não podem nos convencer; mas por isso mesmo os convencemos, pois que dizemos que não há convicção em toda a sua conduta nem por um lado, nem por outro" (237).

Provável

Fr.: *Probable*

* Provável opõe-se a seguro ou a certo. Diz-se de uma opinião que, sem excluir a possibilidade de outra opinião, mantém, assim como seu contrário, uma aparência sensata. Emprega-se no domínio prático para qualificar uma atitude fundada em razões que, embora sérias e até respeitáveis, não são totalmente

decisivas. Vale dizer que a probabilidade não decide, apenas fornece uma plausibilidade a determinada conduta, sem poder condenar a conduta oposta. Em matéria de moral, o probabilismo aparecerá como a via dos arranjos com o céu, abrindo para o laxismo ou, ao menos, para uma casuística; em matéria de doutrina, será o reconhecimento de que, não podendo garantir efetivamente, seria preciso ser tranquilizador. Mas será ele, exatamente, um meio entre o bem e o mal, o verdadeiro e o falso? O neutro inauguraria um espaço de indiferença em que a probabilidade introduziria um cálculo do melhor.

** Contudo, quem poderá julgar e segundo quais critérios? – "Pode ser outra coisa senão a complacência do mundo que vos faz achar prováveis as coisas?" (644), pergunta Pascal, que logo se empenhou em denunciar a atitude puramente hedonista do probabilista: "Não quereis nos fazer acreditar que seja a verdade e que, se não houvesse a moda do duelo, acharíeis provável que as pessoas pudessem bater-se encarando a coisa em si mesma?" (*ibid.*). Viver segundo o mundo (599) é se deixar perder na facilidade, ceder ao que há de corrompido na natureza do homem (601): "As opiniões relaxadas agradam tanto aos homens" (692). Os jesuítas fizeram dela o argumento de sua nova moral: "Retirai a probabilidade, não se pode mais agradar ao mundo; colocai a probabilidade, não se pode mais ser-lhe desagradável. Outrora, era difícil evitar os pecados e difícil expiá-los; agora, é fácil evitá-los mediante mil jeitos e fácil expiá-los" (981). O neutro perverteu a moral; a quem disser "não sou nem a favor nem contra", deve-se responder pelas Escrituras: "Quem não está comigo está contra mim" (775).

*** Pior ainda que a probabilidade em matéria de moral, a probabilidade em matéria de doutrina. Na incerteza, Pascal decide apostando e declara sua proposição de uma força infinita, quando se joga o infinito contra o finito (418). A probabilidade acredita poder, pelo cálculo, domesticar o acaso e evitar assim os riscos, mas, na verdade, é para evitar a alternância e sua vertigem. A probabilidade talvez tranquilize, mas certamente não dá segurança: "Nada dá a segurança a não ser a verdade; nada dá o repouso a não ser a busca sincera da verdade" (599). O temor a Deus não pode se acomodar à probabilidade ou se bastar com ela; ela certamente poupa dos escrúpulos (363), mas tornaria inútil o ardor dos santos em buscar a verdade (721). Essa latitude de consciência que as opiniões prováveis creem proporcionar (*5.ª provincial*) não passa de um engodo. A condenação é inapelável: "Pessoas sem palavra, sem fé, sem honra, sem verdade, dúplices de coração, dúplices de língua e semelhantes, como antes vos foi recriminado, àquele animal anfíbio da fábula que se mantinha num estado ambíguo entre os peixes e os pássaros" (909).

Razão dos efeitos

Fr.: *Raison des effects*

* A expressão pertence à linguagem da filosofia natural, ou seja, da física. É encontrada em Mersenne, Descartes e Hobbes. Pascal a utiliza em seus textos científicos: "Passemos aos outros efeitos, cuja razão esta máquina nos revela" (Laf. p. 239 A). "Eu exporei um efeito parecido do peso da água, que fará compreender sua razão" (*id.*, p. 247 B). "É preciso esclarecer a razão pela qual o peso da água produz esse efeito" (*id.*, p. 249 A). "Expor a razão" de um efeito, isto é, de um fenômeno, é fornecer sua "verdadeira causa", que é, para a altura do mercúrio no tubo, não o "horror do vazio", mas "o peso do ar". Tendemos, por hábito, a nos servir de "más razões", e Pascal usa a expressão "expor a razão", que designará o objeto do "grande princípio" de Leibniz (736).

** A expressão passa da filosofia natural para a filosofia moral. Ofendido com um espírito coxo, Montaigne "não viu a razão desse efeito" (577). A razão é mais que o simples antecedente; é a causa acompanhada de sua justificação. O físico da alma explica e decifra a um só tempo: "Um coxo não nos irrita... (pois ele) reconhece que nós andamos direito", ao passo que "um espírito coxo diz que nós é que coxeamos" (98). "Os efeitos são como sensíveis e as causas são visíveis somente ao espírito" (577). Os princípios de uma psicologia estão postulados: "Razão dos efeitos. A concupiscência e a força são as causas de todas as nossas ações. A concupiscência faz as voluntárias; a força, as involuntárias" (97).

*** Imputam-se à "loucura do mundo" muitas condutas cuja razão é impenetrável: escolher a caça de preferência à presa, distinguir os homens pelo exterior, ofender-se por ter recebido uma bofetada, trabalhar pelo incerto (101). Quando o povo age assim, ele o faz de modo são, ainda que ignore o motivo. As quatro condutas consideradas, aparentemente loucas, estão fundadas em razão. O que se denomina "opinião" não esconde um cálculo de interesse, uma sapiência secreta até? "Não se quer que eu preste honras a um homem vestido de brocados... Se eu não o saudar, ele mandará me dar correiadas" (89). Está aberto o debate, aparentemente indecidível, mas ao classificar as opiniões, disso resulta uma "gradação" em que elas vão se "sucedendo a favor ou contra conforme a luz que se tem" (90). Povo, hábeis e verdadeiros cristãos agem da mesma maneira, deixando semi-hábeis e devotos perturbar o curso do mundo, mas "ainda que as opiniões do povo sejam sadias, elas não o são em sua cabeça, pois ele pensa que a verdade está onde ela não está" (92). O povo ignora a "razão" que o faz agir; por isso é que "suas opiniões são sempre muito falsas e malsãs" (93). A "razão dos efeitos" só é perceptível na "inversão contínua do pró ao contra", só é acessível a essas "segundas intenções" que permitem julgar tudo, "falando entretanto como o povo" (91).

Verdade

Fr.: *Vérité*

* Não é na posição de teórico do conhecimento, como Platão ou Aristóteles, mas como moralista, à maneira de Nietzsche, que Pascal formula o problema da verdade. Desta, ele tampouco busca dar uma definição, dedicando-se, antes, a julgá-la segundo seu valor de vida, ou seja, segundo sua importância para a salvação: "Quando um homem estivesse persuadido de que as proporções dos números são verdades imateriais, eternas e dependentes de uma primeira verdade não qual subsistem e a que chamamos Deus, eu não acharia que ele estivesse muito adiantado para a sua salvação" (449). Quando, invocando o modelo perspectivo, Pascal se pergunta quem "na verdade... indicará... o ponto indivisível que (é) o verdadeiro lugar" (21), não pensa como teórico do conhecimento em busca do ponto de vista a que se subordina a representação, mas como homem de fé em busca de outro olhar sobre a realidade da existência. Trata-se, é claro, dessa "segunda intenção" (91), a que se eleva aquele que toma suficiente altura para ver a diversidade de opiniões se dispor em "gradação" segundo a "razão dos efeitos" (90).

** Tomar altura supõe um suficiente desapego; com efeito, o interesse sempre se interpõe entre o homem e a verdade. Uma verdade interessada é parcial, quando não comprometida com o erro; uma verdade interessante já é suspeita: "Os sabidos são pessoas que conhecem a verdade mas que não a sustentam senão na medida em que ali se encontra seu interesse... Fora disso, eles a abandonam" (740). É preciso amar a verdade por ela mesma e não pelo que ela nos satisfaz. Se vem nos perturbar, temos "aversão" a ela (978): "Não é certo que odiamos a verdade e aqueles que no-la dizem, e que gostamos que se enganem em benefício nosso?" (*ibid.*). Já na *Arte de persuadir*, Pascal distinguia "duas entradas por onde as opiniões são recebidas na alma", o entendimento e a vontade, explicando este último termo ao dizer "que só se entra na verdade pela caridade" (Laf. p. 355 A). Isso significava fazer da vontade o órgão do amor. Amar a verdade para conhecê-la não é tanto reconhecer no amor um valor teórico, *a fortiori* fazer dele uma faculdade cognitiva, mas afirmar que se não se coloca a verdade acima de todo interesse próprio, acaba-se por tergiversar, deformá-la e até traí-la. É o que ocorre com as "verdades divinas", que Deus quis "que entrassem do coração no espírito e não do espírito no coração" (*ibid.*). Portanto, é preciso "amá-las para conhecê-las".

*** Não se deve pretender ser juiz da verdade, pois quem aí julga senão "o amor-próprio"? (978). Seguidas de "superstição e concupiscência", que inspiram o "temor mau" não de que Deus não exista, mas, precisamente, de que exista, porque não se teve fé nele (908). O homem constrói, então, uma verdade na sua medida: "Faz-se da própria verdade um ídolo para si, pois a verdade fora da caridade não é Deus, e sua imagem é um ídolo que não se deve amar nem adorar" (926). De fato, o que amamos e o que adoramos nesse ídolo senão nós mesmos?

BIBLIOGRAFIA

Edições das obras de Pascal
Œuvres complètes, ed. L. Lafuma, "L'intégrale", Paris, Le Seuil, 1963.
Œuvres complètes, ed. J. Mesnard, 6 vol. previstos, Desclée de Brouwer, t. I, 1964; t. 2, 1970; t. 3, 1997; t. 4, 1992.
Pensées et opuscules, ed. L. Brunschvicg, Paris, Hachette, 1897.
Les Pensées de Pascal, ed. Fr. Kaplan, Paris, Le Cerf, 1982.
Pensées, texto estabelecido por Ph. Sellier, apresentação e notas de G. Ferreyrolles, Le livre de poche, 2000.
Pensées, texto estabelecido por L. Brunschvicg, apresentação e notas de D. Descotes, GF Flammarion, 1976.

Sobre Pascal
Bouchilloux Hélène, Apologétique et Raison dans les Pensées de Pascal, Paris, Klinksieck, 1995.
Carraud Vincent, Pascal et la philosophie, Paris, PUF, 1992.
Ferreyrolles Gérard, Pascal et la raison du politique, Paris, PUF, 1984.
―――, Les Reines du monde: l'imagination et la coutume chez Pascal, Paris, Champion, 1995.
Gouhier Henri, Pascal commentaires, Paris, Vrin, 1966.
Kaplan Francis, Les Pensées de Pascal, Paris, Ellipses, 1998.
Leduc-Fayette Denise, Pascal et le problème du mal, Paris, Le Seuil, 1996.
Magnard Pierre, Pascal, la clé du chiffre, Paris, Éditions Universitaires, 1991.
―――, Pascal ou l'art de la digression, Paris, Ellipses, 1997.
Mesnard Jean, Les pensées de Pascal, Société d'édition d'enseignement supérieur, Paris, 1976.

Michon Hélène, *L'ordre du coeur: philosophie, théologie et mystique dans les Pensées de Pascal*, Paris, Champion, 1997.
Sellier Philippe, *Pascal et Saint Augustin*, Paris, Armand Colin, 1970.
Shiokawa Tetsuya, *Pascal et les miracles*, Paris, Nizet, 1977.

LISTA DOS TERMOS EM PORTUGUÊS

Aposta 9
Cegueira 10
Cifra 12
Condição 13
Coração 15
Corpo 17
Costume 18
Deus oculto 19
Divertimento, Diversão 21
Espírito 23
Eu 24
Fé 26
Figura 28
Finura 29
Geometria 31
Graça 32
Imaginação 34
Infinito 36
Lei 37
Letra 39
Milagre 40
Miséria 42
Nada 44
Nada 46
Natureza 47
Opinião 49
Ordem 50

Partido 52
Perpetuidade 53
Profecia 55
Prova 56
Provável 58
Razão dos efeitos 60
Verdade 61

LISTA DOS TERMOS EM FRANCÊS

Aveuglement 10
Chiffre 12
Coeur 15
Condition 13
Corps 17
Coutume 18
Dieu caché 19
Divertissement 21
Esprit 23
Figure 28
Finesse 29
Foi 26
Géométrie 31
Grâce 32
Imagination 34
Infini 36
Lettre 39
Loi 37
Miracle 40
Misère 42
Moi 24
Nature 47
Néant 44
Opinion 49
Ordre 50
Pari 9
Parti 52

Perpétuité 53
Preuve 56
Probable 58
Prophétie 55
Raison des effects 60
Rien 46
Vérité 61